부자들은 어떻게
세금을 절세 했을까?

달마다 챙겨야 할 세금, 한 권으로 끝내는

부자들은
어떻게
세금을
절세했을까?

택스코디 지음

2024년 개정세법 반영

다온북스
DAON BOOKS

프롤로그

'무슨 세금이 이리도 많아? 잊을 만하면 또 다른 세금을 내라고
하네.'

이런 하소연을 제법 많이 듣습니다. 틀린 말은 아닙니다. 사업을 하
는 사람은 물론이고 경제활동을 하는 사람이라면 매달 내야 할 다양한
세금이 있기 때문입니다. 사는 것도 바쁜데, 각종 세금까지 신경 써야
하니 머리가 더 지끈거립니다.

사람들은 세금을 마냥 어렵게만 여깁니다. 또 생소하고 난해한 용어
가 많기 때문에, 세금이라고 하면 무조건 겁을 내는 사람도 있습니다.
이런 분들에게 도움을 주고자 이 책을 집필했습니다.

이 책은 직장인부터 사업자까지, 많은 이들이 살면서 겪게 될 세금
문제를 핵심만 요약한 노트처럼 간결하고 쉽게 풀이했습니다. 직장인

의 연말정산, 사업자가 내야 하는 부가가치세, 종합소득세 및 상속세, 증여세 등 각각 시기별로 내야 할 세금의 특성과 계산법을 쉽게 설명하고, 나아가 절세법까지 안내하고자 했습니다. 또한 변화가 많고 복잡하여 더욱 골치 아프게 느껴지는 부동산 관련 세금에 대해서도 기본적인 개념을 세울 수 있을 것입니다.

세금은 우리의 경제생활과 뗄 수 없는 것이므로, 중고등학생 시기부터 제대로 알아야 합니다. 그래서 이 책이 학생 필독서로 선정되기를 소망하는 마음으로, 중학생 정도의 지식만 가지고 있어도 무난히 이해할 수 있을 정도로 간결하고 쉽게 설명하고자 했습니다.

또한 책의 구성을 월별로 하여 1월부터 12월까지 어떤 세금이 있는지, 또 줄일 수 있는 방법은 무엇인지 사례를 통해 알기 쉽게 적었습니다. 그러므로 반드시 처음부터 읽을 필요 없이 본인에게 해당되는 내용만 봐도 충분할 것입니다. 즉 내가 어떤 세금을, 몇 월에 납부해야 하는지 찾아보고, 그 부분만 먼저 읽어도 좋습니다. 그밖에 '13월의 세금과 절세법'을 통해 매월, 분기별, 반기별로 놓치지 말아야 할 관련사항을 정리했으며, 세금을 이해하기 위해 기본적으로 알아야 할 세금 용어를 쉽게 설명했습니다. 그동안 의미도 모른 채 사용했던 관련 용어들을 정확하게 파악하고 익힐 수 있을 것입니다. 집집마다 가정상비약을 비치해놓듯 챙겨두고, 언제라도 필요할 때 꺼내서 읽어보면 도움이 될 것입니다.

　이 책을 읽는 분들이 현명한 절세와 모범적인 납세를 통해, 세금에
대한 고민과 부담에서 벗어날 수 있기를 바랍니다.

차례

1
January

1월의 세금과 절세법

직장인 연말정산

직장인이라면 빼놓을 수 없는 1월의 행사가 바로 연말정산일 것입니다. 연말정산을 무사히 마치려면 다음의 5가지 순서를 거치며 각각의 금액을 산출해야 합니다. 연봉에서 시작해 1. 총급여 → 2. 근로소득금액 → 3. 과세표준 → 4. 산출세액 → 5. 결정세액의 순서로 환급받을(또는 납부할) 세액을 찾아낼 수 있습니다.

세법에서는 연봉을 '연간 근로소득'이라고 표현합니다. 이것은 회사에서 일하고 받은 대가를 모두 포괄하는 개념입니다. 월급뿐만 아니라 상여금이나 각종 수당을 모두 합친 것이 연봉입니다.

그러나 연봉을 기준으로 세금을 부과하진 않습니다. 식대나 차량유지비처럼 월급 외에 별도로 받는 돈에는 세금이 붙지 않습니다. 세법 용어로는 이를 '비과세소득'이라고 하며, 식대는 월 20만 원, 차량유지비는 월 20만 원 이하로 비과세 범위가 정해져 있습니다.

생산직 근로자가 야근이나 주말 근무 등 연장근로를 통해 받은 급여도 월 20만 원까지 비과세되고, 회사에서 자녀 보육수당을 받는다면 이 역시 월 10만 원씩 비과세 대상입니다. 외딴 섬이나 두메산골에서 일하는 직원이 받는 벽지수당, 경찰이나 소방관의 위험수당, 교사의 연구활동비 등도 월 20만 원까지 비과세소득에 포함됩니다.

연봉에서 비과세소득을 제외하면 **총급여**를 확인할 수 있습니다. 이때 총급여는 의료비와 신용카드, 연금계좌, 월세, 도서·공연비 등의 공제를 적용할 때 필요한 개념입니다.

연말정산은 총급여가 적을수록 각종 세금 혜택이 많아지는 구조입니다. 의료비는 총급여의 3%를 넘게 써야 세액공제가 가능하고, 신용카드는 총급여의 25%를 초과하는 금액에 대해서만 소득공제를 적용합니다. 예를 들어 총급여 4,000만 원인 직장인이라면 의료비로 120만 원, 신용카드로 1,000만 원까지는 공제를 받지 못하며, 이를 초과한 금액을 공제받을 수 있는 것입니다.

신용카드 공제는 원래 한도가 300만 원이지만, 총급여가 7,000만 원을 넘으면 한도가 250만 원으로 줄어들고, 총급여 1억 2,000만 원을 넘으면 200만 원으로 더 적어집니다. 월세 세액공제와 도서·공연비, 주택청약저축 소득공제는 총급여 7,000만 원 이하의 직장인만 받을 수 있습니다.

총급여 5,500만 원 이하인 경우 연금계좌 세액공제와 월세 세액공제에서 우대공제율을 적용합니다. 연금계좌 세액공제율은 12%에서 15%로 올라가고, 월세 세액공제율은 15%에서 17%로 높아집니다.

총급여가 정해지면 근로소득공제를 통해 소득금액을 낮추게 됩니다. 모든 직장인에게 적용되는 혜택이지만, 역시 총급여가 낮을수록 공제율이 높습니다.

총급여 500만 원 이하 구간은 70%를 공제하고, 500만 원~1,500만 원 이하 구간은 40%, 1,500만 원~ 4,500만 원 이하 구간은 15%, 4,500만 원~1억 원 이하 구간은 5%를 적용하며, 1억 원 초과 구간의 공제율은 2%에 불과합니다.

예를 들어 총급여가 1,500만 원인 경우 근로소득공제로 750만 원〔(500만 원 × 70%)+(1,000만 원 × 40%)〕을 차감하지만, 총급여가 4,500만 원이면 1,200만 원〔(500만 원 × 70%)+(1,000만 원 × 40%)+(3,000만

원 × 15%)]만 공제합니다. 총급여에서 **근로소득공제**를 빼고 나면 근로소득금액이 산출되며, 각종 공제들을 하나씩 적용하게 됩니다.

📄 과세표준을 줄이는 뺄셈

근로소득금액이 정해지면 본격적인 뺄셈이 시작됩니다. 가장 먼저 본인과 가족을 대상으로 하는 **인적공제**부터 적용합니다. 인적공제에는 기본공제와 추가공제가 있습니다. 기본공제는 본인과 부양가족 1인당 150만 원을 공제하는 것입니다.

예를 들어 근로소득금액이 3,000만 원인 직장인이 전업주부 아내와 자녀 2명을 부양가족으로 등록했다면, 기본공제로 600만 원(150만 원 × 4명)을 적용하게 됩니다. 다만, 이때 부양가족은 연간 소득금액이 100만 원 이하여야 하며, 근로소득만 있는 가족은 총급여 500만 원 이하인 경우에만 인정됩니다. 부모님을 모시고 있다면 60세 이상, 자녀는 20세 이하인 경우에 부양가족 공제가 가능합니다.

추가공제도 따져봐야 합니다. 70세 이상 부모님을 모시고 산다면 1인당 100만 원의 경로우대 공제를 추가로 받습니다. 배우자 없이 자녀를 키우는 경우 한부모공제로 100만 원을 적용하고, 종합소득금액 3,000만 원 이하인 여성 직장인은 50만 원의 부녀자공제를 받을 수 있습니다. (두 공제요건을 모두 충족할 경우 혜택이 더 큰 한부모공제 하나만 선택해서 100만 원의 공제만 받게 됩니다.)

인적공제를 마치면 **소득공제**로 넘어갑니다. 국민건강보험료와 고용보험료, 노인장기요양보험료는 전액 공제받을 수 있습니다. 주택자금을 마련하기 위해 대출을 받은 경우에도 공제를 적용합니다. 전세에 사는 직장인은 주택임차차입금 원리금 상환액의 40%를 300만 원 한도로 공제받고, 주택담보대출을 받은 1주택 직장인은 이자상환액을 공제받을 수 있습니다. 주택청약종합저축에 가입했다면 납입한 금액의 40%를 공제받으며, 한도는 300만 원(2024년 1월 1일 이후 납입한 것부터 적용)으로 인상합니다.

신용카드 공제도 빼놓을 수 없습니다. 신용카드와 현금영수증, 직불카드 사용액을 합쳐 총급여의 25%를 넘는 금액에 대해 공제합니다. 신용카드는 15%의 공제율을 적용하고, 현금영수증과 직불카드는 2배인 30%의 공제율로 계산합니다.

가령 총급여 4,000만 원인 직장인이 신용카드로만 1,100만 원을 썼다면 총급여의 25%인 1,000만 원까지는 공제가 되지 않으므로 초과분인 100만 원에 대해서 15만 원(100만 원 × 15%)을 공제하게 됩니다. 만약 신용카드로 1,000만 원을 쓰고 현금영수증으로 100만 원을 사용했다면 마찬가지로 초과분 100만 원에 대해 30만 원(100만 원 × 30%)이 공제됩니다.

전통시장과 대중교통에 지출한 금액은 40%를 공제하며, 도서·공연·박물관·미술관 이용료는 30%를 공제합니다. 신용카드 공제한도를 모두 채웠더라도 전통시장과 대중교통, 도서 등은 각각 100만 원의 한도를 추가로 부여받게 됩니다.

근로소득금액 - 각종 공제 = 과세표준

근로소득금액에서 각종 공제를 모두 적용하고 나면 **과세표준**이 계산됩니다. 비로소 과세의 기준이 되는 금액을 정한 것입니다. 여기에선 곱셈을 하는데, 과세표준에서 세율을 곱해서 **산출세액**을 계산합니다.

기본세율은 과세표준에 따라 6~45%까지 정해져 있습니다. 과세표준 1,400만 원 이하는 6%, 5,000만 원 이하는 15%, 8,800만 원 이하는 24%, 1억 5,000만 원 이하는 35%, 3억 원 이하는 38%, 5억 원 이하는 40%, 10억 원 이하는 42%, 10억 원 초과는 45%의 세율이 매겨집니다.

· 2023년부터 적용되는 과세표준에 따른 세율 ·

과세표준 (근로소득금액 - 소득공제)	세율
1,400만 원 이하	과세표준금액의 6%
1,400만 원 초과 5,000만 원 이하	84만 원 + 1,400만 원을 초과한 금액의 15%
5,000만 원 초과 8,800만 원 이하	624만 원 + 5,000만 원을 초과한 금액의 24%
8,800만 원 초과 1억 5,000만 원 이하	1,536만 원 + 8,800만 원을 초과한 금액의 35%
1억 5,000만 원 초과 3억 원 이하	3,706만 원 + 1억 5,000만 원을 초과한 금액의 38%
3억 원 초과 5억 원 이하	9,406만 원 + 3억 원을 초과한 금액의 40%
5억 원 초과 10억 원 이하	1억 7,406만 원 + 5억 원을 초과한 금액의 42%
10억 원 초과	3억 8,406만 원 + 10억 원을 초과한 금액의 45%

과세표준이 1,400만 원이면 6%의 세율을 적용하며, 산출세액은 84만 원입니다. 과세표준 5,000만 원이면 산출세액 624만 원, 과세표준 8,800만 원은 산출세액 1,536만 원, 과세표준 1억 5,000만 원은 산출세액 3,706만 원입니다. 과세표준 3억 원은 산출세액 9,406만 원이며, 과세표준 5억 원은 산출세액이 1억 7,406만 원으로 계산합니다.

산출세액이 나오면 또 뺄셈을 합니다(빼는 것이 많다는 것은 세금이 줄어드는 것입니다). 바로 세액공제 혜택입니다. 예를 들어 산출세액이 100만 원인 직장인이 세액공제로 30만 원을 받으면 실제로 내야 할 세금은 70만 원이 됩니다.

먼저 모든 직장인에게 적용되는 **근로소득세액공제**부터 적용합니다.

산출세액이 130만 원 이하인 경우 55%를 공제하고, 130만 원을 넘으면 30%를 공제합니다. 따라서 산출세액이 130만 원이면 71만 5,000원을 빼고, 산출세액이 150만 원이면 초과분 20만 원의 30%인 6만 원을 더해서 총 77만 5,000원을 빼는 것입니다.

다만 총급여에 따라 한도가 달라집니다. 총급여 3,300만 원 이하인 직장인은 산출세액에서 최대 74만 원을 뺄 수 있고, 총급여 7,000만 원 이하인 경우 최대 66만 원, 총급여 7,000만 원을 넘으면 최대 50만 원만 뺄 수 있습니다.

7세 이상의 **자녀**가 있는 직장인은 1인당 15만 원의 세액공제를 받을

· 근로소득세액공제 세율과 한도 ·

산출세액	공제세액
130만 원 이하	산출세액 × 55/100
130만 원 초과	715,000원 + (130만 원을 초과한 금액 × 30/100)

총급여액	근로소득세액공제 한도
3,300만 원 이하	74만 원
3,300만 원 ~ 7,000만 원	66만 원
7,000만 원 초과	50만 원

수 있습니다. 자녀가 2명이면 35만 원(15만 원 + 20만 원)의 세금을 뺄수 있습니다. 자녀가 3명을 넘으면 세 번째 자녀부터는 세액공제 혜택이 1인당 30만 원으로 늘어납니다. 즉 자녀 3명이면 세액공제 금액은총 65만 원(15만 원 + 20만 원 + 30만 원), 자녀 4명이면 95만 원을 공제받게 됩니다. 초등학교에 입학했는데 아직 만 7세인 자녀도 세액공제가 가능합니다. 지난해에 출산하거나 입양했다면 첫째 30만 원, 둘째 50만 원, 셋째부터는 70만 원을 세액공제 받을 수 있습니다.

연금계좌에 납입한 금액은 연간 600만 원 한도로 세액공제가 됩니다. 총급여 5,500만 원 이하는 공제율 15%, 총급여 5,500만 원을 넘으면 공제율 12%를 적용합니다. 매월 33만 원씩 연금을 냈다면 총급여 5,000만 원인 직장인의 세액공제 금액은 59만 4,000원, 총급여 6,000만 원인 직장인은 47만 5,200원의 세액공제를 받는 것입니다.

보험료 세액공제는 연말정산 공제 항목 가운데 가장 인기가 많은 항목입니다. 지난해에만 3조 원이 넘는 세금이 감면됐고, 1,000만 명 넘는 직장인이 신청했습니다. 흔히 보장성 보험이라고 부르는 생명·상해·손해보험료를 100만 원 한도로 12% 세액공제합니다. 가령 보험료로 100만 원을 썼다면 세금 12만 원을 뺄 수 있는 것입니다. (장애인 전용 보장성 보험료는 세액공제율 15%를 적용합니다.)

의료비와 **교육비**를 지출했다면 그에 대해 각각 15%의 세액공제를 받습니다. 본인의 치료나 교육을 위해 지출하면 전액 공제가 가능하며, 부양가족을 위해 썼다면 한도가 정해집니다. 부양가족에 대한 의료비 공제의 한도는 700만 원이며, 교육비는 미취학·초·중·고생 1인당 300만 원, 대학생은 900만 원의 한도를 부여합니다.

기부금은 15%를 세액공제하며 1,000만 원을 초과한 금액에는 30%를 적용합니다.

월세 세액공제는 총급여 7,000만 원 이하인 무주택자만 받을 수 있고, 주택 기준시가도 4억 원 이하여야 합니다. 공제 한도는 1,000만 원이며, 총급여 5,500만 원 이하는 17%의 세액공제율을 적용하고, 총급여 5,500만 원을 넘으면 월세액의 15%를 공제합니다.

·총급여 구간에 따른 세액공제 항목·

총급여	공제항목	혜택
3,300만 원 이하	근로소득세액공제	세액공제 74만 원
5,500만 원 이하	월세세액공제	세액공제율 17%
	연금계좌세액공제	세액공제율 15%
5,500만 원 초과	연금계좌세액공제	세액공제율 12%
7,000만 원 이하	월세세액공제	세액공제율 15%
	신용카드세액공제	한도 300만 원
	도서공연비 소득공제	소득공제율 30%
	주택청약저축 소득공제	소득공제율 40%
	근로소득세액공제	세액공제 65~73만 원
7,000만 원 초과	근로소득세엑공제	세액공제 50~65만 원
1억 2,000만 원 이하	신용카드세액공제	한도 250만 원
	연금계좌세액공제	한도 600만 원
1억 2,000만 원 초과	신용카드세액공제	한도 200만 원
	연금계좌세액공제	한도 600만 원

초보 직장인 : 위의 항목 중 공제받을 게 아무것도 없으면 어떻게 하나요?

택스코디 : 소득공제와 세액공제를 아무것도 받을 게 없는 직장인은 표준공제를 신청하면 됩니다. 연 13만 원의 세액공제를 받을 수 있습니다.

🗏 환급? 추가 납부?

산출세액에서 세액공제 과정을 거치게 되면 최종 세액이 결정됩니다. 이것을 **결정세액**이라고 하며, 직장인이 국세청에 실제로 납부해야 할 세액입니다. 그런데 매월 원천징수를 통해 이미 납부한 세액과 비교해봐야 합니다.

결정세액이 100만 원인데 지난 한 해 동안 매월 10만 원씩 월급에서 소득세를 떼어갔다면 20만 원을 더 낸 셈이 됩니다. 이런 경우에는 세금을 환급받을 수 있습니다. 반대로 결정세액보다 이미 납부한 세액이 적으면 소득세를 추가로 납부해야 합니다. 연말정산에서 오히려 세금을 토해냈다고 하는 경우가 바로 이것입니다.

연말정산 공제신고서를 제출한 직장인은 월급을 받는 날에 근로소득원천징수영수증과 함께 환급세액을 확인할 수 있습니다. 이때 가장 중요한 것은 차감징수세액입니다. 결정세액에서 이미 납부한 세액을 뺀 개념인데, 차감징수세액이 마이너스인 경우 그만큼 소득세를 돌려받는 것입니다. 이때 지방소득세 10%도 추가로 환급받게 됩니다.

예를 들어 차감징수세액이 마이너스 100만 원이면 지방소득세 10만 원을 포함해 총 110만 원을 돌려받을 수 있습니다. 국세청이 1년 동안 더 받아간 소득세 100만 원을 돌려주고, 지방자치단체도 더 걷었던 10

만 원을 환급해주는 것입니다.

환급액을 늘리거나 줄이는 방법도 있습니다. 결정세액은 똑같지만 월급에서 매월 원천징수하는 세금의 비율을 직접 결정하는 것입니다. 원천징수세액 조정신청서를 통해 80%와 120% 가운데 고를 수 있습니다. 원천징수세액을 80%로 하면 매월 20%씩 세금을 덜 내는 대신 연말정산에서 환급받는 금액이 적어집니다.

환급액을 늘리고 싶다면 원천징수세액을 120%로 신청해서 매월 세금을 20%씩 더 떼고, 연말정산을 통해 그만큼 세금을 더 돌려받을 수 있습니다. 물론 두 방식 모두 마음에 들지 않는다면 회사에 따로 신청하지 않고, 그대로 원천징수 비율 100%를 유지하면 됩니다.

📋 연말정산 간소화 서비스, 무조건 믿지 마라

직장인의 연말정산은 해를 거듭할수록 편리해지고 있습니다. 국세청이 제공해주는 연말정산 간소화 서비스가 해마다 개선되고 있기 때문입니다.

직장인이라면 이 서비스를 이용해 손쉽게 자신의 공제내역을 조회하고, 그 자리에서 공제신고서 작성은 물론 제출까지 한 번에 끝낼 수 있습니다. 심지어 얼마나 환급받을 수 있을지 예상세액을 미리 계산해볼 수도 있습니다. 하지만 간소화 서비스에서 조회되는 내용을 무조건 신뢰해서는 안 됩니다.

초보 직장인 : 국가기관인 국세청이 만든 시스템인데 왜 100% 믿어서는 안 된다는 건가요?

택스코디 : 국세청이 편리한 연말정산을 지원하기 위해 해마다 소득과 공제자료를 확대·제공하고 있지만, 여전히 간소화 서비스에서 조회되지 않는 공제항목들이 남아 있습니다. 국세청도 어디까지나 자료발급기관에서 제출받아 제공하는 것이라는 한계가 있기 때문입니다.

따라서 발급기관이 빠뜨리거나 아직 법적으로 자료 제출이 의무화되지 않은 항목들은 간소화 서비스에서 조회되지 않을 수 있습니다.

대표적으로 안경 구입비나 중고등학생의 교복비, 취학 전 아동의 학원비, 기부금, 장애인 보장구 구입·임차비용 등은 제출 의무가 없기 때문에 간소화 서비스에서 조회되지 않을 수 있습니다. 이런 경우 근로자가 직접 해당 영수증을 수집해 제출해야 합니다.

또 신용카드 등의 사용액 중 전통시장·대중교통 사용액과 도서공연비 및 박물관·미술관 입장료는 각각 40%, 30%의 높은 공제율로 추가공제를 받을 수 있는데, 이런 항목이 일반공제율(15%)이 적용되는 항목으로 구분되지 않았는지도 직접 확인해봐야 합니다. 추가공제 항목은 제도 도입 기간이 짧고 국세청에 자료 제공이 원활하지 않은 곳이 있을 수 있기 때문입니다.

새로 입사를 했거나 이직으로 근로에 공백기가 있는 경우, 또는 중도에 퇴사한 경우에는 자신이 일한 기간에 지출한 비용만 공제가 되는 항목이 있다는 것을 기억해야 합니다.

신용카드 등의 사용액 소득공제와 보험료·의료비·교육비 세액공제 등은 근로 제공 기간에 사용하거나 납입한 금액만 공제대상이 됩니다. 따라서 이런 경우에는 연말정산 간소화 서비스의 '월별' 조회 기능을 활용해 근로기간에 해당하는 월별로 조회를 한 후, 그 해당금액만 공제를 신청해야 합니다. 그렇지 않으면 나중에 과다공제로 의도치 않은 세금이 추징될 수 있습니다.

반면 기부금과 개인연금저축, 소기업·소상공인 공제부금, 국민연금보험료 등 근로자가 아닌 경우에도 공제를 받을 수 있는 항목들은 근로기간과 관계없이 연간 납입액 전체가 공제대상입니다.

원칙적으로 연말정산 신고가 잘못된 경우의 책임은 근로자 본인에게 있다는 점을 꼭 기억해야 합니다.

세금은 과세관청이 고지서를 보내 고지하는 세금과 납세자 스스로 신고하는 세금으로 나뉩니다. 근로소득세는 원천징수돼 매달 월급에서 알아서 떼이긴 하지만, 최종적으로는 연말정산 신고를 통해 스스로 신고하는 신고납부세금입니다.

신고납부세금은 법적으로 그 신고납부자에게 잘못된 신고의 책임이 있기 때문에, 근로자는 스스로 공제항목을 꼼꼼히 체크해야 합니다. 과다공제를 받아 추징을 당하거나 공제를 덜 챙겨 환급액을 놓치는 것 모두 본인 책임이라는 것입니다. 국세청은 간소화 시스템을 만들어 거들 뿐입니다.

자주 하는 질문들

초보 직장인 : 맞벌이 부부는 서로 공제가 불가능한가요?

택스코디 : 배우자 중 소득금액이 100만 원 이하(근로소득자는 대략 연봉 500만 원 이하, 사업자는 수입에서 비용을 차감한 이익이 100만 원 이하)인 경우에는 소득이 발생하지 않은 것으로 보기 때문에 이에 대해서는 소득공제가 가능합니다.

초보 직장인 : 소득금액 100만 원 이하에서 소득은 근로소득과 사업소득만을 말하는 건가요?

택스코디 : 여기서 소득은 근로소득금액, 사업소득금액, 이자소득금액, 배당소득금액, 연금소득금액, 기타소득금액 등 종합소득금액과 퇴직소득금액과 양도소득금액 등 분류과세되는 소득금액을 말합니다. 양도소득도 포함된다는 사실에 주의해야 합니다.

초보 직장인 : 동거 가족이 아니면 부모에 대한 기본공제는 받을 수 없나요?

택스코디 : 직계존속은 주민등록표상에 동거 가족으로 등재되지 않더라도 실제 부양을 하고 있으면 공제가 가능합니다. 이때 장남, 장녀 또는 차남, 차녀 등의 여부에 관계없이 실제 부양하는 자녀가 부양가족 공제를 받을 수 있습니다.

초보 직장인 : 소득이 있는 아버지가 있는 경우 자녀가 어머니에 대한 기본공제를 받을 수 있나요?

택스코디 : 어머니가 아버지의 배우자공제 대상에 해당되는 동시에 자녀의 부양가족 공제요건에도 해당되면, 배우자공제를 우선 적용합니다. 그러므로 아버지가 어머니에 대한 기본공제를 먼저 받게 되므로 자녀가 받지 못합니다.

초보 직장인 : 7세 이하 자녀에 대해서는 별도의 세액공제를 받을 수 있나요?

택스코디 : 7세 이하 아동에 대해서는 아동수당이 지급되고 있습니다. 그러므로 자녀세액공제는 원칙적으로 8세 이상의 자녀들에 대해서만 적용

됩니다.

`

초보 직장인 : 치매 환자도 장애인 추가공제를 받을 수 있나요?

택스코디 : 장애인 추가공제 대상자에는 장애인복지법상의 장애인뿐만 아니라 치매, 당뇨 등을 앓고 있는 중증 환자도 포함됩니다. 이 공제를 받으려면 의료기관으로부터 소득세법에서 정한 장애인증명서를 교부받아 제출해야 합니다.

초보 직장인 : 주택 전세대출 원리금 상환에 따른 소득공제는 연봉 7,000만 원 이하의 근로자만 받을 수 있나요?

택스코디 : 이 공제는 연봉의 크기와는 무관합니다. (단, 금융기관이 아닌 거주자로부터 차입을 한 경우에는 연봉 5,000만 원 이하가 되어야 합니다.)

초보 직장인 : 장기주택 저당차입금 이자상환 공제는 무조건 거주해야 소득공제를 받을 수 있나요?

택스코디 : 세법에서는 주택 소유 형태별로 다음과 같은 공제 요건을 두

구분	세대주	비세대주
1주택 소유	주택 거주 여부와 상관없이 공제	본인이 실제 거주해야 공제
2주택 이상 소유	과세기간 종료일 현재 2주택 이상 보유하고 있는 경우, 이 공제를 적용하지 않음	

고 있습니다.

초보 직장인 : 근로자도 노란우산공제를 받을 수 있나요?

택스코디 : 노란우산공제는 원칙적으로 사업자만 받을 수 있으며, 불입액 중 200만~500만 원까지 소득공제가 가능합니다.

초보 직장인 : 급식비는 교육비 세액공제를 받지 못하나요?

택스코디 : 초중고 학생들의 급식비, 방과후학교 수강료에 대해서는 교육비 세액공제가 가능합니다. 교육비납입영수증을 교부받거나 국세청 연말정산 간소화 서비스를 이용할 수 있습니다.

초보 직장인 : 교복 구입비는 한도 없이 공제가 가능한가요?

택스코디 : 교복 구입비에 대해서는 1인당 연간 50만 원 한도로 교육비 세액공제가 가능합니다. 교복 판매업자가 발급한 교육비납입영수증을 받아 근무하는 회사에 제출하면 교육비 지출액으로 보아 교육비 세액공제를 적용받을 수 있습니다.

초보 직장인 : 자녀의 대학원 등록금도 교육비 세액공제가 적용되나요?

택스코디 : 자녀에 대한 교육비는 대학교까지의 등록금에 대해서만 공제가 가능합니다. 대학원 등록금은 본인에 한해 공제가 가능합니다.

초보 직장인 : 어머니의 학자금을 자녀가 내준 경우 교육비 세액공제를 받을 수 있나요?

택스코디 : 직계존속에 대한 교육비는 공제 대상이 아닙니다. 그러므로 교육비 세액공제를 받을 수 없습니다.

초보 직장인 : 학교 다닐 때 대출받은 교육비는 공제를 받을 수 없나요?

택스코디 : 취업 후 상환 학자금 대출 등에 해당하면 교육비 세액공제가

가능합니다.

초보 직장인 : 성형수술비도 의료비 세액공제 대상이 되나요?

택스코디 : 미용 목적의 성형수술비에 대해서는 의료비 세액공제가 적용되지 않습니다. 단, 성형수술비를 신용카드로 결제하거나 현금영수증으로 결제했다면 신용카드 소득공제를 받을 수 있습니다.

초보 직장인 : 산후조리원비는 의료비 세액공제를 받을 수 있나요?

택스코디 : 산후조리원 비용도 의료비 세액공제가 가능합니다. 단, 총급여액이 7,000만 원 이하인 근로자로서 출산 1회당 200만 원 이내의 금액만 공제됩니다. 참고로 간병비는 공제 대상이 아니지만, 신용카드로 결제하면 역시 신용카드 소득공제는 받을 수 있습니다.

초보 직장인 : 부모님의 병원비를 체크카드로 결제했습니다. 신용카드 소득공제와 의료비 세액공제를 동시에 받을 수 있나요?

택스코디 : 동시에 받을 수 있습니다. 다만 의료비를 지출한 사람이 공제

를 받을 수 있으므로, 예를 들어 부모님의 카드로 결제했다면 해당되지 않는 것에 유의해야 합니다.

초보 직장인 : 85㎡ 초과 주택의 차입금 이자도 공제 대상이 되나요?

택스코디 : 그렇습니다. 장기저당주택 차입금 이자상환 공제는 주택의 규모와는 관계가 없습니다. 단 취득 시 기준시가가 5억 원 이하여야 합니다.

초보 직장인 : 종교단체에 대한 기부금은 기부금 지출액의 10~30%를 세액공제받을 수 있는 건가요?

택스코디 : 그렇지 않습니다. 근로자에게 적용되는 기부금에 대한 세액공제는 근로소득금액을 기준으로 한도를 정하고 있습니다. 즉 기부금액을 기준으로 일정 비율을 공제하는 것이 아닙니다. 여기서 근로소득금액은 비과세소득을 제외한 과세되는 근로소득에서 근로소득공제를 차감한 금액을 말합니다.

초보 직장인 : 정치자금 10만 원을 기부하면 11만 원을 돌려받는다고 들었는데요. 정말 그런가요?

택스코디 : 과거에는 11만 원을 돌려받았지만, 지금은 그렇지 않습니다. 세법이 개정되어 세액공제를 통해 10만 원 그대로를 돌려받게 됩니다.

초보 직장인 : 맞벌이 직장인의 경우 신용카드는 고소득자가 사용하는 것이 더 좋은가요?

택스코디 : 그렇지 않습니다. 신용카드 사용액이 공제 대상자의 연봉 25%를 초과해야 공제가 되므로 소득이 낮은 사람의 카드를 사용하는 것이 더 낫습니다. 다만 맞벌이 부부 중 한쪽이 사업자라면 사업자 카드를 사용하는 것이 세금을 더 줄일 수 있습니다.

초보 직장인 : 형제자매의 신용카드도 본인이 공제받을 수 있나요?

택스코디 : 생계를 같이하는 가족들이 사용한 신용카드에 대해서는 연령 및 소득 요건을 갖춘 기본공제 대상자이면 대부분 소득공제가 가능하지만, 형제자매는 공제받을 수 없습니다.

초보 직장인 : 외국에서 사용한 신용카드도 소득공제를 받을 수 있나요?

택스코디 : 외국에서 지출한 신용카드 비용에 대해서는 공제가 되지 않습니다. 신용카드 공제는 주로 국내 사업자의 매출을 양성화시키기 위해 한시적으로 도입된 것이므로, 외국에서 사용한 것은 공제가 불가능합니다.

초보 직장인 : 도서비, 공연비를 카드로 지출하면 소득공제를 더 받을 수 있나요?

택스코디 : 그렇습니다. 신용카드 소득공제 한도액 100만 원이 더 늘어나기 때문입니다.

신용카드 소득공제 시 근로자가 재화나 서비스 제공에 대한 대가로 신용카드나 직불카드 또는 체크카드로 사용한 금액이 연간 급여액의 25%를 초과한 경우, 그 초과액의 15%(직불카드와 체크카드, 전통시장 및 대중교통비 사용분은 30%, 도서·공연비 사용분은 40% 적용)를 300만 원(전통시장 사용분과 대중교통비 이외 도서·공연비에 대해 100만 원 한도 추가)과 급여액의 20% 중 적은 금액을 한도로 공제하게 됩니다.

사업자가 내야 할 부가가치세

1월은 개인사업자의 부가가치세 신고가 있는 달입니다.

부가가치세 계산 시 사업자는 매출세액에서 전 단계에서 부담한 매입세액을 뺀 나머지 세액을 납부하면 됩니다. 이를 **전단계세액공제법**이라고 합니다.

전단계세액공제법을 채택하고 있는 부가세법에서 세금계산서는 납부세액(매출세액 ... 매입세액)을 계산하는 데 있어 필수적인 증빙서류입니다. 즉 세금계산서 없이는 사업자가 전 단계에서 부담한 매입세액을 정확하게 파악하고 계산하기가 어렵기 때문에, 잘 정비된 세금계산서 제도 없이는 전단계세액공제법을 유지하기가 거의 불가능하다고 할 수 있습니다.

그럼 부가가치세가 어떻게 계산되는지 살펴볼까요.

최 사장의 커피숍에서 아이스 아메리카노 한 잔의 가격은 3,300원입니다. 영수증에는 공급가액 3,000원, 부가가치세 300원, 합계 3,300원이라고 표시되어 있습니다.

여기서 공급가액은 다른 말로 매출액, 부가가치세는 매출세액이라고 합니다. 따라서 아메리카노의 매출세액은 300원이 됩니다.

한편 최 사장이 아이스 아메리카노 한 잔의 재료를 구입하는 비용으로 1,100원을 카드 결제하고 받은 영수증에는 공급가액 1,000원, 부가가치세 100원, 합계 1,100원이 표시된 것을 확인할 수 있습니다. 여기서 공급가액은 매입액, 부가가치세는 매입세액이라고 합니다.

일반과세사업자의 부가가치세를 구하는 공식은 '매출세액 – 매입세액'입니다. 따라서 아이스 아메리카노 한 잔의 부가가치세는 200원(300원 … 100원)이 되는 것입니다.

초보 사장님 : 저는 분식집을 운영하는 간이과세자입니다. 그러면 김밥 한 줄의 부가가치세는 얼마인가요? (김밥의 가격은 위의 아메리카노와 같은 3,300원이라고 가정하고, 재료를 구입한 매입액도 위와 같이 1,100원이라고 가정합니다.)

택스코디 : 간이과세사업자의 부가가치세를 구하는 방법은 아래와 같습니다.

(공급대가 × 업종별 부가가치율 × 10%) - (세금계산서 상 매입금액 × 0.5%)

음식점의 업종별 부가가치율은 15%입니다. 간이과세자일 경우 김밥 한 줄의 부가가치세를 계산해볼까요.

(3,300원 × 음식점 업종별 부가가치율 15% × 10%) - (1,100원 × 0.5%)

= 49.5원 - 5.5원 = 44원

과세유형에 따라 부가가치세를 구하는 방법은 조금 차이가 있으며, 간이과세사업자는 일반과세사업자에 비해 부가가치세 부담이 현저히 적은 것을 확인할 수 있습니다.

📑 과세기간, 신고기간

부가가치세는 1년에 두 번의 과세기간이 있습니다. 그리고 3개월마다 예정신고·납부기한이 있습니다. 개인사업자는 부가가치세 1기(1~6월)에 대한 확정신고를 7월 25일까지 하고, 2기(7~12월)에 대한 확정신고를 1월 25일까지 해야 합니다. 그리고 4월 25일, 10월 25일까지 예정고지(직전 납부금액의 1/2을 고지)에 따른 납부를 해야 합니다.

반면 법인사업자는 예정신고 시에도 확정신고와 마찬가지로 신고 및 납부 의무가 있으며 이에 대한 가산세 등이 확정신고와 동일하게 적용됩니다.

· 사업자별 부가가치세 신고구분 ·

구분	1기		2기	
	예정 (1월 1일~3월 31일)	확정 (1월 1일~6월 30일)	예정 (7월 1일~9월 30일)	확정 (7월 1일~12월 31일)
개인	고지	신고	고지	신고
법인	신고	신고	신고	신고

부가가치세를 신고할 때는 부가가치세 신고서와 매출세금계산서합계표, 매입세금계산서합계표 등의 부속서류를 제출해야 합니다.

2019년부터 국세청이 신고항목 대부분을 알아서 채워주는 '미리채움 서비스'가 확대 제공되어 사업자들의 부가가치세 신고납부가 더 편리해졌습니다.

국세청은 부가가치세 신고기간에 총 25개 항목의 자료를 신고서 입력화면에서 조회하고, 동시에 신고서에 바로 채워 넣을 수 있는 미리채움 서비스를 제공합니다. 마치 근로자들이 연말정산 신고 때 각종 공제내역을 확인하고 신고서에 자동으로 채워 넣는 것과 유사한 방식입니다.

미리채움 서비스는 현금영수증과 카드 매출은 기본이고, 사업용 신용카드로 매입한 내역, 면세농산물 등 매입가액까지 자동으로 입력해 줍니다. 또 매입·매출을 기반으로 고지될 예정세액도 산출해 신고서가 자동으로 작성됩니다.

특히 간이과세자와 같은 소규모 사업자는 미리채움 신고서를 이용하면 사실상 세무서를 방문할 필요가 없게 됩니다. 홈택스에서는 2019년부터 전자신고를 어려워하는 간이과세자를 위해 신고항목을 문답 형태로 제작해 쉽게 신고할 수 있도록 했습니다.

사업자가 착오로 신용카드 매입세액공제를 잘못 적용하거나 증빙서류를 중복으로 제출하지 않도록, 전자신고 입력과 제출 단계별로 신고가 제대로 됐는지를 스스로 확인할 수 있도록 안내가 이루어지므로 혹시 모를 실수도 예방할 수 있습니다. 사업자는 안내에 따라 잘못된 것이 없는지 한 번 더 확인하고 신고서를 제출하게 됩니다.

국세청 홈페이지를 통해 신고서 작성 사례도 미리 엿볼 수 있습니다. 간이과세자의 경우 부동산 임대업, 음식업, 소매업, 운수업, 제조업 등 5개 업종의 신고서 및 첨부서류의 작성방법이 안내되어 있습니다. 아울러 신고요령을 차례로 보여주는 국세청 동영상 자료까지 활용한다면 부가가치세 신고 초보자들도 더욱 쉽고 간편하게 신고할 수 있습니다.

🧾 납부는 못 해도 신고는 해야 한다

부가가치세 신고 및 납부는 1월 25일까지는 해야 합니다. 미신고, 미납부 시에는 무신고가산세(20%)와 납부불성실가산세(미납세액 × 미납일수 × 22/100,000)가 부과되니 주의해야 합니다.

부득이한 사정으로 25일까지 신고 및 납부가 어렵다면, 일단 신고를 해야 20%의 무신고가산세를 피할 수 있습니다.

초보 사장님 : 신고기한 내에 신고를 못 하면 어떻게 되나요?

택스코디 : 생업에 종사하느라 바빠서, 혹은 깜빡해서 제때 신고를 하지

못하는 경우가 있을 것입니다.

부가가치세를 제때 신고·납부하지 못하고 신고기한이 지나서 신고하는 것을 부가가치세 기한후신고라고 합니다. 부가가치세 기한후신고에는 아래와 같은 가산세가 부과됩니다.

무신고 가산세

신고기한까지 부가가치세를 신고하지 않은 경우 발생하는 가산세

무신고 가산세 = 신고하지 않은 부가가치세 × 20%

납부불성실 가산세

신고 및 납부기한까지 납부하지 않은 세금에 대한 연체료 성격의 가산세

납부불성실 가산세 = 미납한 부가가치세 × 22 / 100,000 × 미납일수

가령 신고·납부할 부가가치세가 100만 원이고, 100일 후에 신고·납부한다고 가정하면, 다음의 가산세가 추가됩니다.

무신고 가산세 = 100만 원 × 20% = 200,000원

납부불성실 가산세 = 100만 원 × 22 /100,000 × 100일 = 22,000원

따라서 정상적으로 신고·납부했다면 100만 원이지만 100일 후에 납부한다면 가산세 222,000원을 더해 1,222,000원을 납부해야 합니다. 단, 신고기간이 지난 후 1개월 이내에 기한후신고를 하면 가산세 50%가 감면됩니다.

초보 사장님 : 부가가치세 신고기한을 놓쳐 기한후신고를 할 예정입니다. 신고 전 미리 계산을 해보니 납부세액이 0원인데, 이럴 경우 가산세가 얼마나 부과가 되나요?

택스코디 : 신고기한을 놓쳤을 때는 그 사실을 인지한 즉시 신고를 해야 세금을 줄일 수 있습니다. 납부하지 않은 일수에 비례해서 가산세가 올라가기 때문입니다. 하지만 위와 같이 납부세액이 0원이라면, 납부세액을 기준으로 20%를 추가로 내야 하는 무신고 가산세는 0원 × 20% = 0원이 되므로 무신고 가산세는 0원이 됩니다.

같은 이유로 납부불성실가산세 또한 0원이 됩니다.

2
February

2월의 세금과 절세법

면세사업자 사업장현황신고

세금이 면제되는 대표적인 재화에는 농산물, 축산물, 수산물 등 미가공 식료품이 있습니다. 예를 들어 축산물은 면세이므로 정육점과 식당을 같이 운영하는 곳에서 고객이 고기를 구입한 후 바로 식당에서 반찬, 음료를 구입해 먹으면, 고기만 면세이고 고기를 제외한 음식용역은 과세인 것입니다.

그 밖에 수돗물, 연탄, 도서, 기저귀, 분유 등도 면세대상이고, 용역중에는 의료보건용역, 의약품의 조제용역, 장의업자가 제공하는 장의용역, 교육용역 등도 부가가치세가 면제됩니다.

이런 면세제도는 소비자의 부담을 완화시킨다는 점에서 긍정적이지만 여러 복잡한 문제가 발생하기도 합니다.

예를 들어 마트에서는 면세재화인 농축산물만 판매하는 것이 아니라 훨씬 많은 과세물건을 판매하므로 매입세액을 어떻게 인정받을지 문제가 됩니다.

마트에서는 물건을 구입하는 비용뿐만 아니라 운송비, 창고보관비 등 다양한 비용을 지출하며 이 비용에 대해 매입세액 공제를 받아야 하는데, 면세재화 판매와 관련된 매입세액을 특정해야 하는 어려움이 있습니다.

이에 부가가치세법은 과세사업과 면세사업을 겸영하는 경우에는 관련된 매입세액의 계산은 실지귀속에 따라 하되, 구분이 어려운 공통매입세액의 경우에는 면세공급가액의 비율로 안분하는 기준을 두고 있습니다.

그리고 사업자가 과세되는 재화나 용역을 공급하더라도 주된 재화 또는 용역에 부수된다면 거래 전체에 대해 부가가치세가 면제됩니다.

흔히 병/의원, 학원, 농·축·수산물 판매업, 대부업, 주택임대업 등을 면세사업자라 하고 부가가치세 신고는 하지 않습니다. 대신 사업장의 현황신고라고 해서 매년 2월 10일까지 전년도 매출/매입처별 계산서 합계표와 사업장현황신고서를 제출합니다.

면세사업자의 사업장현황신고 시의 수입금액은 종합소득세 신고

시 과세표준이 됩니다. 따라서 사업장현황신고 시 수입금액을 3,000만 원이라고 했는데, 종합소득세 신고 시에는 수입금액을 2,000만 원이라고 신고하면 세무서에서 소명 요청이 들어오기 때문에 주의해야 합니다.

면세사업자의 사업장현황신고는 과세사업자의 부가가치세 신고와 비교하면 납부를 하지 않는다는 차이가 있을 뿐입니다. 전년도 매입과 매출에 대해 다음 해 2월 10일까지 사업장현황신고를 해야 합니다. 사업장현황신고서에는 아래와 같은 내용들이 기재됩니다.

- 수입금액(매출액) 내역 및 수입금액 구성 명세 •
- 매입금액 내역
- 기본사항(시설 현황 및 종업원 수)
- 기본경비(임차료, 인건비, 기타 경비 등)

드러난 매출(계산서, 신용카드, 현금영수증 발행분 등)은 모두 신고해야 하고, 매입 역시 꼼꼼히 처리해야 추후 종합소득세 신고 시 유리합니다.

신고만 하고 납부를 하지 않는 것이어서 대충 신고하는 경우도 많지만, 부가가치세 신고하듯이 꼼꼼히 처리해야 합니다.

초보 사장님 : 사업장현황신고를 하지 않으면 어떤 불이익이 있나요?

택스코디 : 면세사업자가 사업자현황신고를 하지 않더라도 세법상 가산세는 부과되지 않습니다. 그러나 사업장현황신고를 하지 않으면 관할 세무서 혹은 지방국세청장이 사업장을 조사·확인할 수 있으므로 신고는 해야 합니다.

아래와 같은 경우에는 사업장 현황을 조사·확인하는 사유가 됩니다.

- 사업장현황신고서를 제출하지 않은 경우
- 사업장현황신고서 내용 중 시설현황, 인건비, 수입금액 등 기본사항의 중요 부분이 미비하거나 허위라고 판단되는 경우
- 매출, 매입에 관한 계산서 수수내역이 사실과 현저하게 다르다고 인정되는 경우
- 사업자가 그 사업을 휴업 또는 폐업한 경우

사업장현황 조사 시 사업자의 수입금액은 그 사업자가 비치하고 있는 장부, 기타 증빙서류에 의해 산정하는 것을 원칙으로 합니다.

사업자의 수입금액을 장부나 기타 증빙서류에 의해 계산할 수 없는 경우에는 동일 업종 등의 내용 및 현황을 참고하여 계산한 금액으로 합니다.

📄TAX 사업장현황신고서 작성법

부가가치세가 면제되는 면세사업자 중 개인사업자는 1년간의 수입금액 및 사업자현황(인적사항, 시설현황, 비용내역 등)을 기한 내에 관할 세무서에 신고해야 합니다. 이를 사업장현황신고라고 합니다. (홈택스를 통해 신고하는 것도 가능합니다).

사업장현황신고기간은 과세기간의 다음 해 2월 10일까지입니다. 폐업 또는 휴업을 한 경우에도 폐업 또는 휴업신고와 함께 사업장현황신고서를 제출해야 합니다.

신고서는 다음과 같이 작성할 수 있습니다.

• 사업장현황신고서 작성 요령

과세기간		년 월 일 ~ 년 월 일		
사업자	상호	사업자등록번호	공동사업	[ ]여 [ ]부
	성명	주민등록번호		
	사업장소개지		전화번호	
	전화번호	휴대전화	전자우편주소	

먼저 기본사항을 적는 난에 사업자의 과세기간 및 사업자 기
본사항을 기재합니다 .

수입금액 (매출액) 내역					단위 : 원
업태	종목	업종코드	합계	수입금액	수입금액 제외
(1)					
(2)					
(3)					
	합계				

다음은 수입금액에 대한 내용으로, 사업장현황신고 시 가장 중요한 항목입니다

학원의 경우라면 업태는 교육서비스업, 종목은 학원별로 보습학원, 입시학원 등으로 기재합니다. 업종코드는 기재하지 않아도 상관없습니다.

수입금액은 과세기간 동안의 총수입금액을 적으면 됩니다. 총수입금액은 아래의 수입금액 결제수단별 구성명세란의 합계금액과 일치해야 합니다.

수입금액(매출액) 결제수단별 구성명세 단위 : 원				
합계	신용카드 매출	현금영수증 매출	그 밖의 매출	
			계산서 발행금액	기타 매출

수입금액을 결제수단별로 기재합니다. 현금으로 수취했으나 현금영수증을 발행하지 않은 경우에는 기타 매출란에 기재합니다.

정규증빙(계산서, 세금계산서, 신용카드) 수취금액					
					단위 : 원
합계	매입 계산서		매입 세금계산서		신용카드, 현금영수증 매입금액
	전자 계산서	전자 계산서 외	전자세금 계산서	전자세금 계산서 외	

다음은 과세기간 중 정규증빙인 세금계산서, 계산서, 신용카드 등을 수취한 금액을 기재합니다.

기본사항(과세기간 종료일 현재)				
				단위 : ㎡, 원, 대, 명
시설현황				종업원 수
건물면적 (전용면적)	임차보증금	차량	그 밖의 시설	

과세기간이 끝나는 12월 31일을 기준으로 사업장의 기본사항을 기재합니다.

임차보증금은 임대차계약서를 기준으로 기재하고, 차량 및 그 밖의 시설은 사업과 관련된 차량 및 시설의 가액을 기재합니다. 종업원 수 중 사업소득자인 직원(3.3% 프리랜서)의 경우에는 해당 인원수에서 제외합니다.

기본경비(연간금액)				
				단위 : 원
합계	임차료	매입액	인건비	그 밖의 경비

이 부분에는 사업을 운영하면서 제출한 기본경비를 기재합니다. 사업주가 장부를 작성하지 않고 기준경비율로 추계신고하는 경우에는 임차료, 매입액, 인건비는 필요경비 처리가 되므로 해당 금액을 정확히 기재합니다.

학원의 경우 교재구입비는 매입액에 포함되지만 차량운반구, 시설장치 등은 포함되지 않습니다.

3.3%를 공제하는 프리랜서 직원의 경우에는 인건비에 해당하지 않으므로 그 밖의 경비에 기재해야 합니다.

※ 공동사업자인 경우만 작성합니다.

공동사업자의 수입금액 부표			
상호		사업자등록번호	
수입금액 분배내용			
공동사업자		분배비율(%)	수입금액(원)
성명	주민등록번호		
합계			

위의 서식은 공동사업자인 경우에만 작성합니다. 사업자등록증상 공동사업자의 인적사항을 기재한 후 공동사업계약서상 분배비율에 맞춰 수입금액을 분배하여 기재합니다.

꼭 알아야 할 부동산 세금
1. 무엇을, 언제, 어디에 낼까?

부동산 관련 세금은 납부 방법과 납부 시기, 담당 부처가 제각각입니다. 그런 이유로 세금을 전혀 모르는 초보자라면 이를 제대로 구분하지 못해 혼란에 빠지는 경우가 종종 있습니다.

가령 세무서를 찾아가서 재산세와 관련해 묻거나, 지자체 세무과에 가서 종합부동산세에 대해 묻는 경우가 있습니다. 그러나 이렇게 납세 주체를 잘못 알고 찾아가 질문하면 "우리 소관이 아니다"라는 당황스러운 답변을 받게 됩니다.

언제, 어디에, 어떻게 세금을 낼지 모르는 납세 초보자들을 위해 부동산 세금의 납부 시기와 방법, 내는 곳에 대해 종류별로 살펴보겠습니다.

📑 부동산 세금의 종류 및 납부 방법

양도소득세와 종합부동산세는 국세로 분류합니다. 국가에 내야 할 세금인 국세는 국세청 소속인 세무서에서 걷습니다.

· 부동산 관련 세금의 종류와 납부 방법 ·

구분		납부 시기	납부 방법
국세	양도소득세	양도일이 속하는 달의 말일부터 2개월 이내	관할 세무서나 홈택스에서 신고납부
	종합부동산세	매년 12월 1일 ~ 15일	고지서 수령 후 관할 세무서나 홈택스에서 납부
	상속세	상속개시일이 속하는 달의 말일부터 6개월 이내	관할 세무서나 홈택스에서 신고납부
	증여세	증여일이 속하는 달의 말일부터 3개월 이내	관할 세무서나 홈택스에서 신고납부
지방세	취득세	취득일로부터 60일 이내	관할 지자체나 위택스에서 신고납부
	재산세	1기 - 7월 (16일~31일) 2기 - 9월 (16일~30일)	고지서 수령 후 관할 지자체나 위택스에서 납부

양도소득세는 양도일이 속하는 달의 말일부터 2개월 이내에 주소지

관할 세무서에 신고 후 납부하면 됩니다.

예를 들어 1월 1일에 등기를 하면, 다음 달인 2월부터 2개월 내에 납부해야 하며 3월 31일이 납부 마감일이 됩니다. 1년에 2건 이상 양도할 경우에는 다음 해 5월에 양도소득세 확정신고를 해야 합니다.

납부 방식은 다양합니다. ATM 기기, 가상계좌, 카드 결제 등 선호하는 방식을 택해 납부할 수 있습니다. 홈택스 홈페이지나 앱을 통한 납부도 가능합니다. 납부할 세액이 1,000만 원을 초과하는 경우 납부할 세액의 일부를 납부기한 경과 후 2개월 내에 나눠 낼 수도 있습니다.

종합부동산세는 매년 12월 1일부터 15일까지 납부합니다. 국세청이 보내주는 고지서를 확인하고 해당 세액을 납부하면 됩니다.

납부 방법은 양도소득세와 동일합니다. 직접 금융기관에 방문하거나 홈택스 홈페이지를 통해서도 낼 수 있습니다.

상속세의 경우 상속개시일이 속하는 달 말일부터 6개월 이내에 신고하고 납부합니다. 상속세는 일시에 납부하는 것이 원칙이지만, 한 번에 큰 금액을 전부 납부할 수 없는 이들을 위해 일정 요건이 성립되는 경우 분할해 납부할 수 있도록 하고 있습니다. 납부세액이 1,000만 원을 초과하는 경우, 납부할 세액의 일부를 납부기한 경과 후 2개월 내에 나누어 낼 수 있습니다.

증여세의 경우 증여일이 속하는 달의 말일로부터 3개월 안에 신고, 납부해야 합니다. 납부기한 내에 신고하면 납부세액의 3%를 공제받을 수 있습니다. 다만, 신고를 하지 않거나 액수를 줄여 신고하면 최대 40%까지 가산세를 더 물게 되니 유의해야 합니다.

증여세 또한 상속세처럼 납부할 세금이 많으면 분할 납부가 가능합니다. 상속세와 동일하게 납부세액이 1,000만 원을 초과하는 경우, 납부할 세액의 일부를 납부기한 경과 후 2개월 내에 나누어 낼 수 있습니다.

다음은 지방세로 분류되는 취득세와 재산세입니다. 지방세는 시·군·구청 소관으로 각 관할 지자체 세무과에서 담당합니다.

먼저, 취득세는 부동산을 취득한 날부터 60일 이내에 납부하면 됩니다. 기한을 넘기면 무신고가산세와 납부지연가산세가 붙으므로 납부기한 준수에 유의해야 합니다. 세금은 관할 지자체 세무과를 통해 직접 납부하면 됩니다. 지방세로 분류되는 취득세는 위택스 홈페이지를 통해 온라인으로도 납부가 가능합니다.

대표적인 보유세인 재산세는 청구금액이 20만 원이 넘을 경우, 총 두 번에 나눠 고지합니다. 1차는 7월 16일부터 7월 31일까지이고, 2차는 9월 16일부터 9월 30일까지입니다. 이때 청구금액이 20만 원이 넘지 않으면 7월에 한꺼번에 납부합니다.

　재산세도 취득세와 동일하게 관할 지자체 세무과에 직접 납부하면

됩니다.

3월의 세금과 절세법

직원의 지급명세서 제출(일용직 근로자 제외)

사업자들 중에는 집에서 쓴 돈과 사업장에서 쓴 돈을 구분 없이 관리하는 분들이 적지 않습니다. 그러나 이렇게 사업과 무관하게 쓴 돈을 관행적으로 업무 관련 비용으로 처리하다가는 뜻하지 않은 세금 부담을 떠안을 수 있습니다. 추후 세무조사를 받을 수도 있죠. 사장 개인이 쓴 돈과 사업을 위해 쓴 돈은 어떻게 구분해야 하고, 세무처리를 해야 하는지 살펴볼까요.

업무 관련성 여부는 세법에서 명확하게 나열되어 있지는 않습니다. 다만 사회통념상 사업 관련성이 없는 비용은 가사경비라고 해서 필요경비로 인정받지 못합니다. 이때 '사회통념상'의 구분이 문제가 될 텐데, 보통은 유사업종과 비교하여 판단하게 됩니다.

예를 들어 의류 쇼핑몰을 운영하는 사업자가 식대로 1,000만 원을 쓰고 이를 사업용 경비로 처리했다고 합시다. 같은 의류쇼핑몰 업종에서 평균적으로 식대를 얼마나 사용했는지 비교해서 거기에 부합하면 사회통념에 어긋나지 않은 것이고, 그보다 과하게 많으면 사회통념에 어긋난 것으로 본다는 말입니다.

이때 개인사업자인지 법인사업자인지에 따라 차이가 좀 있습니다. 법인사업자는 1인 사업자라도 법인과 사주를 동일시하지 않기 때문에 어느 정도 활동비를 인정하는 편이지만, 개인사업자의 경우 개인적인 지출과 업무적인 지출의 판단이 불명확하면 일반적으로 업무용으로 인정받지 못합니다. 즉, 가사경비인지 필요경비인지가 모호하면 모두 필요경비로 인정하지 않는 것입니다.

물론 개인사업자라고 해서 전부 인정해주지 않는 것은 아닙니다. 사업관련성을 따져서 입증이 되면 경비로 인정이 가능합니다. 하지만 대표자가 사업장과 동떨어진 자신의 집 근처에서 지출했거나 휴일에 사업장과 멀리 떨어진 곳에서 쓴 식대 같은 것은 사업을 위해 사용됐다고 인정받기 어렵습니다.

법인도 원칙은 같습니다. 지출된 시간이나 장소, 지출의 용도를 따져서 사업과 관련된 비용인지를 판단합니다.

초보 사장님 : 가족사업장입니다. 이런 경우 경비 처리는 어떻게 하나요?

택스코디 : 가족에게 급여를 주고 함께 일하는 가족사업도 많죠. 가족이라고 해서 급여(인건비)를 인정해주지 않는 것은 아닙니다. 다만 사회통념상 동일 업종, 동일 업무에 비해 과도하게 많은 급여가 지급되고 있다면 인건비로 인정되지 않을 수도 있습니다. 가령 업무 성격상 고급인력이 아닌데 월 1,000만 원씩 급여가 지급된다거나 하면 의심을 사기에 충분하죠. 실제로 소득세 부담을 줄이려고 일하지 않는 가족에게 급여를 지급하는 경우도 있습니다.

가족 인건비도 비용으로 인정받기 위해서는 실제 지출내역이 입증돼야 합니다. 4대 보험 가입뿐만 아니라, 소득세를 원천징수하고 신고를 해야 하며 지급명세서도 국세청에 제출해야 합니다.

개인사업자 본인의 급여는 비용처리가 불가능하지만, 사회보험료는 비용처리가 가능합니다. 신고 때 가끔 누락되는 경우가 있으니 주의해야 합니다. 국민연금과 건강보험은 직전 연도 소득금액이 납부액을 계산하는 지표가 된다는 것도 참고하면 좋습니다. 작년에 소득이 많이 늘었으면 올해 4대 보험 부담이 늘 것이라는 예측이 가능합니다.

직원의 급여를 경비처리하기 위해서는 매월 지급한 직원의 급여에 대해 다음달 10일까지 원천징수 이행상황신고 및 납부를 해야 합니다. 근로자 수가 평균 인원 20인 이하의 사업장에서는 반기납부 신청이 가능합니다. 반기납부를 하는 경우에는 상반기(1~6월)가 종료된 후 다음 달인 7월 10일까지, 하반기(7~12월)가 종료된 후 다음 달인 1월 10일까지 원천징수 이행상황신고를 하고 납부하면 됩니다.

더불어 원천징수한 세액을 종합하여 지급명세서를 제출하는데, 근로소득 간이지급명세서는 지급일이 속하는 반기의 마지막 달의 다음 달 말일까지이고, 일용근로소득과 사업소득 간이지급명세서는 지급 달의 다음 달 말일까지입니다.

이자소득, 배당소득, 연금소득, 기타소득에 대해서는 다음 해 2월 말일까지 지급명세서를 제출하여야 합니다. 그 밖의 소득인 경우에는 다음 해 3월 10일까지 제출해야 하며, 원천징수 이행상황신고서와 지급명세서의 내용은 일치해야 합니다.

초보 사장님 : 지급명세서를 제출하지 않으면 어떻게 되나요?

택스코디 : 사업주가 기한 내에 지급명세서를 제출하지 않았거나 제출한 지급명세서가 불분명한 경우에는, 제출하지 않은 금액 또는 불분명한 금액의 0.25%에 해당하는 가산세를 부담해야 합니다.

간이지급명세서 내의 사업소득은 3개월 이내, 근로소득은 10월 말일과 다음 연도 4월 말일까지 제출한다면 가산세를 1/2로 감면받을 수 있습니다.

지급명세서가 불분명한 경우에 해당되는 것은 지급자(사업주) 또는 소득자(직원)의 주소, 성명, 주민등록번호 혹은 사업자등록번호, 소득의 종류, 소득의 귀속연도 또는 지급액을 기재하지 않았거나 잘못 기재한 것을 말합니다. 실제로 종종 주민등록번호 등의 오류가 있을 수 있으므로 작성에 주의를 기울여야 합니다.

꼭 알아야 할 부동산 세금
2. 취득세

내 집 마련에 대한 로망을 가지는 사람들은 많지만 집주인이 되려면 부담해야 하는 세금에 대해서는 정작 제대로 알지 못하는 경우가 많습니다.

집을 산 뒤 실거래 신고를 하고 그에 따른 취득세를 계산하여 내야 하는 것도, 집을 가지고 있다가 7월과 9월이 되면 재산세를 납부해야 하는 것도 경험해보지 않으면 막막하고 생소할 수밖에 없습니다.

세금에 대해 제대로 알지 못하면 집주인의 삶은 로망이 아니고 현실이 됩니다. 집을 사고 나면 어떤 세금을 관리하고 내야 하는지 살펴볼까요?

부동산을 사게 되면 **취득세**라는 세금을 내야 합니다. 취득세는 매매나 신축, 교환, 상속, 증여 등의 방법으로 부동산의 소유권을 갖게 될 때 내는 세금입니다. 쉽게 말하면 "내가 이 집의 주인이다!" 하고 공식적으로 신고를 하면서 부동산의 소재지가 속한 시청, 군청 혹은 구청에 내 것이 되었다는 증거로 취득세를 납부하는 것입니다.

취득세는 부동산을 취득한 날부터 60일 이내에 내야 합니다. 늦게 내면 무신고가산세와 납부불성실가산세 같은 가산세가 붙으니 기간을 꼭 지켜야 합니다.

세알못 : 취득세는 얼마 정도를 내면 되는 걸까요?

택스코디 : 취득세는 6억 원 이하의 주택을 기준으로 매매가의 1%에 지방교육세 0.1%를 더해 납부하면 됩니다. 3억 원짜리 주택을 산 경우, 330만 원(취득세 300만 원 + 지방교육세 30만 원)을 내면 됩니다. 다만, 대가 없이 부동산을 상속·증여받는 경우에는 별도로 상속세나 증여세를 내야 합니다.

# 취득세 관련 자주 하는 질문들

주택 취득세는 집값에 세율을 곱해서 내는 세금으로 계산이나 납부 방법도 단순해 보이지만, 그럼에도 어렵게만 보이고 궁금한 것이 세금입니다. 취득세에 대해 자주 하는 질문과 그 해답을 알아봅시다.

세알못 : 분양받은 아파트는 취득세를 언제 내나요?

택스코디 : 취득세는 취득일로부터 60일 이내에 신고하고 납부해야 합니다. 아파트를 분양받은 경우에도 매매계약과 마찬가지로 잔금 지급일이 취득일이 됩니다(만약 등기일이나 등록일이 잔금 지급일보다 빠르다면 등기일이나 등록일이 취득일이 됩니다).

세알못 : 프리미엄을 더 주고 산 아파트 분양권의 취득세는요?

택스코디 : 아파트 분양권 자체는 취득세 과세대상이 아닙니다. 다만, 실제로 잔금을 지급하고 아파트 입주까지 한 경우에는 해당 아파트의 취득

세를 신고·납부해야 합니다. 이때 분양가액과 프리미엄(마이너스 프리미엄 포함)을 합산한 금액이 취득세 과세표준이 됩니다.

세알못 : 등기하기 전에 계약이 파기되었는데, 이미 낸 취득세를 돌려받을 수 있나요?

택스코디 : 환급이 가능합니다. 계약해제신고서나 계약해제 사실을 알 수 있는 서류를 첨부해서 취득한 날로부터 60일 이내에 과세관청에 제출하면 환급받을 수 있습니다(단, 이미 등기와 등록이 완료된 경우라면 환급받을 수 없습니다).

세알못 : 상속받은 집은 언제까지 취득세를 내야 하나요?

택스코디 : 상속주택의 취득 시기는 상속이 개시된 날(피상속인의 사망일)입니다. 상속취득의 경우 상속개시일이 속하는 달의 말일부터 6개월 이내에 취득세를 신고하고 납부하면 됩니다. 참고로 취득세는 실거래가가 과세표준이 되지만, 상속·증여와 같이 실거래가액이 확인되지 않은 경우에는 시가표준액(공시된 주택가격)을 과세표준으로 보고 취득세를 신고·납부해야 합니다.

세알못 : 주거용 오피스텔도 주택과 같은 취득세를 내나요?

택스코디 : 오피스텔은 취득세 과세대상 중 업무시설로 분류됩니다. 또한 주택법상 오피스텔과 함께 준주택으로 분류되는 고시원, 기숙사 등에 대해서도 취득 시점에 확인 가능한 건축물대장 등의 공부에 기재돼 있는 업무시설로 보고 4%의 취득세율을 적용합니다.

세알못 : 주거용 오피스텔도 취득세가 중과되나요?

택스코디 : 오피스텔 취득 시점에는 해당 오피스텔이 주거용인지 상업용인지 확정되지 않았기 때문에 중과 구분 없이 건축물대장상 용도대로 건축물 취득세율(4%)이 적용됩니다.

세알못 : 아파트 가정어린이집의 취득세는요?

택스코디 : 종전에는 주거용과 가정어린이집으로 겸용하는 주택에 대해 주거용으로 사용하지 않는 것으로 보고 일반 건축물과 같이 4%의 세율을 적용했습니다. 그러나 2019년 1월 1일부터는 가정어린이집도 주거용으로 보고 금액에 따라 1~3%(1주택 기준)의 취득세율을 적용합니다. 공동

생활가정과 지역아동센터도 가정어린이집과 동일합니다.

또한 가정어린이집 취득으로 다주택이 되더라도 취득세 중과세율을 적용하지 않습니다. 다만 취득 이후 1년이 넘도록 가정어린이집으로 사용하지 않거나 가정어린이집으로 3년 이상 사용하지 않고 매각·증여·전용하는 경우에는 취득세를 추징합니다.

세알못 : 대출한 주택을 증여받은 경우에는 취득세가 어떻게 되나요?

택스코디 : 부채를 포함한 부담부증여로 주택을 취득한 경우에는 부채 부분은 유상취득세율(1주택 기준 1~3%)을 적용하고, 증여 부분은 3.5%의 증여취득세율(3억 원 이상 조정대상지역은 6%)을 적용합니다.

4
April

4월의 세금과 절세법

사업자 부가가치세 예정고지

부가가치세는 사업자에게 가장 부담이 큰 세금 중 하나입니다. 매출이나 매입에서 떼어서 계산해야 하는데 구분이 쉽지 않기 때문이죠. 적지 않은 사업자들이 부가가치세를 포함한 매출을 실제 매출로 잘못 인식하고 있다가 세금을 낼 때가 되어서야 실체를 알고 힘들어하는 경우가 적지 않습니다.

더구나 부가가치세는 분기마다 세금을 내도록 되어 있고, 예정신고나 예정고지, 확정신고 등 과세방식과 명칭도 복잡해 보입니다.

초보 사장님 : 1월에 부가가치세 신고를 끝내고, 납부까지 했습니다. 그런데 또 부가가치세를 내라고 우편물이 왔습니다.

택스코디 : 개인사업자 중 일반과세자는 4월에 부가가치세 예정고지서가 날아옵니다.

부가가치세 예정고지란 개인사업자의 부가가치세 납부 부담과 국가의 세수 확보의 안정성을 고려하여 양자 간의 부담을 줄이기 위해서 개인사업장이 별도의 예정신고 없이 직전 납부한 부가세의 50%에 해당하는 금액을 미리 고지받아 납부하는 제도입니다.

예를 들어 올 1월에 부가가치세를 60만 원 납부했다면, 일반과세자는 4월 25일까지 예정고지된 30만 원을 납부해야 합니다(간이과세자는 7월 25일까지 예정고지 30만 원을 납부해야 합니다).

이렇게 부가가치세 예정고지 제도로 납부한 예정고지세액은 다음 부가세 확정신고 때 기납부세액으로 처리되어 공제가 됩니다.

초보 사장님 : 예정고지된 금액을 납부하지 않으면 어떻게 되나요?

택스코디 : 개인사업자에게는 부가가치세 예정고지와 미리 납부하는 것이 원칙적으로 규정되어 있어 예정고지세액을 납부하지 않으면 가산금이 부과됩니다.

납부기한이 경과한 후 1개월 이내에 납부하면 세액의 3%만큼 가산금이 부과되고, 확정신고기한까지 납부하지 않으면 추가로 세액의 1.2%만큼 중가산금이 부과됩니다.

부가가치세 예정고지는 부가가치세를 신고하는 것이 아니고 고지서 금액(전 납부금액의 50%)을 납부만 하면 되는 것입니다.

다만, 징수하여야 할 금액이 30만 원 미만(2019년부터 30만 원 미만, 종전은 20만 원 미만)이거나, 당해 간이과세자가 일반과세자로 변경된 경우에는 고지되지 않습니다.

꼭 알아야 할 부동산 세금
3. 증여세

살면서 복잡한 세금제도를 다 알기는 힘들죠. 의·식·주 중 의복·식료품에 붙는 세금은 기껏해야 부가가치세 정도입니다. 치러야 할 값에 이미 붙어 나와 일일이 계산할 필요도 없습니다.

그러나 주택은 다릅니다. 집을 사면 취득세, 살면 보유세, 빌려주면 임대소득세, 팔면 양도소득세, 물려주면 상속·증여세가 따라붙습니다.

최근 들어 20차례 넘게 부동산 대책이 나왔고 세금제도(세제)도 따라서 복잡해지다 보니, 전문가도 헷갈릴 정도라고 합니다. 세금을 내야 할 당사자가 각자도생으로 공부할 수밖에 없는 것이 현실입니다.

세알못 : 어머니의 아파트(시세 1억 8,000만 원, 기준시가 1억 2,000만 원)를

제 앞으로 돌릴까 하는데, 증여세가 얼마나 부과될까요?

택스코디 : 10년 이내에 증여받은 게 또 있나요?

세알못 : 없습니다.

택스코디 : 그렇다면 증여세를 계산해볼까요.

- 증여재산가액 : 1억 8,000만 원
- 증여세 과세표준 : 1억 8,000만 원 … 5,000만 원(성년자 공제) = 1억 3,000만 원
- 증여세 산출세액 : 1억 3,000만 원 × 20% … 1,000만 원(누진공제) = 1,600만 원
- 납부세액 : 1,600만 원 … 48만 원(신고세액공제, 1,600만 원 × 3%) = 1,552만 원

납부세액은 위와 같이 1,552만 원으로 계산됩니다. 이렇게 산출된 1,552만 원을 증여일이 속하는 달의 말일로부터 3개월 이내에 신고·납부하면 됩니다.

이 외에 증여 등기를 하는 데 대략 1억8,000만 원(2023년 1월 1일부터 시가인정액으로 변경)의 4% 정도가 취득세(약 720만 원)로 과세됩니다.

증여는 먼저 증여 목적을 뚜렷하게 해야 후회가 없습니다. 재산이 많아서 상속·증여 설계의 목적으로 하는 증여일 경우 세금 2,272만 원(증여세 + 취득세)보다 효과가 크므로 괜찮지만, 재산이 그다지 많지 않은데도 상속세 걱정이나 명의 이전 쪽이 깨끗하다는 생각으로 무턱대고 증여를 한다면 오히려 불필요한 세금을 지출할 수도 있습니다.

만약 증여재산가액을 시가가 아닌 기준시가를 기준으로 하는 경우, 증여일 전 6개월, 후 3개월 내 당해 증여재산과 면적, 위치, 종목, 용도가 동일하거나 유사한 재산에 대해 불특정 다수인 간에 거래한 가액 등도 시가로 보아, 만약 시가가 발견된다면 그 시가에 의해 증여세가 과세될 수 있습니다. 따라서 시가가 확인되는 아파트 등은 주의할 필요가 있습니다.

증여세는 동일인(부모는 동일인으로 봅니다)으로부터 10년간 합산한 금액이 1,000만 원 이상인 경우 과세되므로 최근 증여일로부터 소급해 10년 내의 증여재산가액을 합산해야 합니다.

가령 성년인 A씨가 아버지로부터 3,000만 원, 3년 전 어머니로부터

3,000만 원의 사업자금을 증여받았다면 올해 증여재산가액은 6,000만 원이 됩니다. 그런데 증여자의 사망으로 상속이 발생하면 상속개시일로부터 소급하여 10년 이내에 증여한 재산은 상속재산에 합산됩니다.

즉 A씨의 아버지가 3,000만 원을 증여한 해에 상속재산 5억 원을 남겼다면 상속재산가액은 사전에 증여한 재산 3,000만 원을 포함한 5억 3,000만 원이 됩니다.

📑 증여 공제

배우자 간 증여를 하면 6억 원, 직계존비속(부모, 자녀 등)으로부터 성년자가 증여를 받으면 5,000만 원(미성년자는 2,000만 원), 기타 친족으로부터 받으면 1,000만 원의 증여 공제를 받을 수 있습니다. 친족이 아닌 제3자로부터 받은 경우에는 공제를 받을 수 없습니다.

가령 남편으로부터 1억 원, 부모로부터 1억 원의 증여를 처음 받았다고 가정하면 증여재산공제는 아래와 같이 계산할 수 있습니다.

- 배우자 간 증여 공제 : 한도인 총 6억 원 중에서 1억 원은 이번 기회에 공제받고, 나머지 5억 원은 향후 10년 내 증여를 받을 때 사용할 수 있

습니다.

- 직계존속이 성년자인 직계비속에게 증여 시 공제 : 한도인 총 5,000
만 원 중에서 이번 기회에 5,000만 원을 모두 사용했으므로 향후 10
년 내에 증여를 받더라도 다시 공제받을 수 없습니다.

증여세율은 상속세율과 같으며 그 이하 신고세액 공제가 적용되는
점도 동일합니다.

할아버지가 손자, 손녀에게 증여하는 등 세대를 건너뛴 증여에 대해
서는 30%(미성년자가 수증한 증여재산가액이 20억 원 초과 시에는 40%)를
할증해 과세하는 것에도 유의해야 합니다.

· 상속세 /증여세 적용세율 ·

과세표준	세율	누진공제
1억 원 이하	10%	
1억 원 초과 5억 원 이하	20%	1,000만 원
5억 원 초과 10억 원 이하	30%	6,000만 원
10억 원 초과 30억 원 이하	40%	1억 6,000만 원
30억 원 초과	50%	4억 6,000만 원

5
May

5월의 세금과 절세법

소득자 종합소득세

초보 사장님 : 장사를 하다 보면 이것저것 신경쓸 게 너무 많습니다. 아직 세금신고 날짜가 한참 남아 있는데 그때 가서 알아보면 되지 않나요?

택스코디 : 아닙니다. 세금신고에는 하나의 함정이 있는데요, 바로 과세기간과 신고·납부기간이 다르다는 것입니다.

과세기간은 종합소득세, 법인세, 부가가치세 등과 같이 일정한 기간의 과세표준을 계산하게 되는 시간적 단위를 말합니다.

예를 들면 종합소득세의 과세기간은 매년 1월 1일부터 12월 31일까지이고, 부가가치세는 1월 1일부터 6월 30일까지를 제1 과세기간, 7월

1일부터 12월 31일까지를 제2 과세기간으로 규정하고 있습니다.

신고·납부기간은 종합소득세, 법인세, 부가가치세를 신고하고 납부하는 기간을 말합니다.

예를 들면 종합소득세는 5월 1일부터 5월 31일까지, 부가가치세는 1월 1일부터 1월 25일까지, 그리고 7월 1일부터 7월 25일까지입니다.

이렇듯 과세기간과 신고·납부기간이 구분되어 있기 때문에, 신고·납부기간에 예상보다 많은 세금이 부과된다면 대처할 수 있는 방법이 매우 적을 수밖에 없습니다.

절세는 신고기간을 앞두고 세무대리인이 하는 것이 아니라, 매입을 하는 그 순간부터 시작되는 것입니다. 그러므로 미리 세무상식을 알고 돈을 쓰는 것이 중요합니다.

지난해에 사업이나 근로, 임대, 이자, 배당, 연금 등을 통한 소득이 있었다면 5월 1일부터 5월 31일까지 국세청에 종합소득세를 신고해야 합니다.

세금에 대해 잘 모르면 세무서를 방문해 도움을 받을 수도 있고, 국세청이 자랑하는 전자신고납부 시스템 '홈택스'를 이용해 신고도 가능합니다.

홈택스에 로그인하면 '신고도움 서비스'가 기다리고 있습니다. 국세청이 제공하는 수입금액과 소득공제 항목 등 올해 신고에 필요한 자료를 확인하면 됩니다. 또 업종별 유의사항과 과거 신고상황을 분석한 자료, 실수하기 쉬운 사례 등도 열람할 수 있습니다. 안내를 따라 성실하게 신고하면 크게 어렵지 않을 것입니다.

홈택스로 신고할 때 오류 가능성이 높은 항목은 팝업 메시지가 뜨게 됩니다. 이때 중간예납세액 과다공제나 추계신고 오류 등에 대한 내용을 팝업에서 수정할 수 있습니다. 주요 공제와 감면 항목은 '자기검증용 검토서'를 통해 납세자가 신고하기 전에 스스로 검토하면 됩니다.

2020년부터는 지방자치단체에 직접 신고해야 하는 개인지방소득세도 편리하게 이용할 수 있습니다. 홈택스에서 종합소득세를 신고한 후 추가 인증 절차 없이 지방세 신고시스템 위택스로 이동할 수 있기 때문입니다.

이때 개인지방소득세 신고서가 자동으로 채워지므로 한 번에 전자신고 절차를 끝낼 수 있습니다. 위택스 접속 후 납부서 출력까지 걸리는 시간은 1~2분이면 충분합니다.

참고로 납세자가 소득세를 직접 전자신고하면 2만 원의 세액공제 혜택을 받을 수 있습니다.

📑 한눈에 파악되는 종합소득세 기본 구조

급여만으로 생활하는 근로자들은 연말정산을 했기 때문에 따로 종합소득세 신고를 하지 않지만, 추가 수입이 있거나 사업소득 등이 있는 사람들은 매년 5월에 종합소득세 신고를 해야 합니다.

종합소득세를 구하는 기본 공식은 '과세표준×세율'입니다. 누진세율이 적용되므로 과세표준의 크기에 따라 최소 6%부터 최대 45%까지 적용됩니다.

과세표준은 6가지 소득의 항목을 각각 계산해야 하고, 각 항목마다 공제되는 내용이 다릅니다. 그렇지만 기본 구조를 이해하면 생각만큼 어려운 일은 아닙니다.

과세표준은 6가지 소득금액을 합산한 것인데, 이때 소득금액이란 소득에서 경비를 공제하고 남은 금액을 말합니다(소득금액 = 소득 … 필요경비). 다음의 소득 분류별 과세표준을 참고하세요.

• 이자소득 = 이자소득금액

• 배당소득 + 배당가산액 = 배당소득금액

• 사업소득 - 필요경비 = 사업소득금액

• 근로소득 - 근로소득공제 = 근로소득금액

- 연금소득 - 연금소득공제 = 연금소득금액

- 기타소득 - 필요경비 = 기타소득금액

6가지 소득금액을 합산했으면 이제 소득공제를 받을 차례입니다. 기본공제, 추가공제, 특별공제 등 각자 상황에 맞게 소득공제를 받고 나면 종합소득세 과세표준이 결정됩니다(종합소득금액 … 소득공제 = 과세표준). 그리고 이렇게 산출된 과세표준에 세율을 곱하면 종합소득산출세액이 나옵니다(과세표준 × 세율 = 산출세액). 종합소득산출세액에서 다시 각종 세액공제 항목을 뺍니다.

그런데 불성실하게 신고했거나 제대로 납부하지 않는 등의 문제가 있으면 가산세가 붙는데, 이를 더하면 종합소득결정세액이 계산됩니다(산출세액 … 세액공제 = 결정세액). 이 결정세액에서 원천징수세액 또는 중간예납액 등 이미 납부한 세액을 빼고 나머지 금액을 납부하면 됩니다.

챙겨야 할 항목들이 많아 조금 어렵게 보일 수 있으나 기본 구조를 이해하고 활용하면 그만큼 세금은 줄어들게 됩니다.

📄 부부 공동사업장의 종합소득세 절세 팁

부부가 함께 일하면 여러 가지 경비도 절약되고 서로에게 힘이 되는 부분도 많으므로, 부부가 함께 사업을 하는 경우가 꽤 있습니다. 공동명의로 사업체를 운영하는 경우도 있고, 부부 중 한 사람을 직원으로 채용하는 형태로 함께 일하는 경우도 있습니다.

부부 공동사업장은 세금 측면에서도 유불리가 나뉠 수 있습니다. 그럼 부부 사업장의 절세법에 대해 알아볼까요.

부부가 함께 운영하는 사업장은 크게 두 가지로 구분됩니다. 부부가 공동사업자로 동업을 하는 경우와 단독사업자로 등록한 후 배우자를 직원으로 고용하는 경우입니다. 공동사업자는 전체 소득을 동업계약상 분배비율에 따라 배분하고, 단독사업자는 배우자에게 급여를 지급하고 급여를 비용으로 처리하는 방식입니다. 두 상황 모두 소득이 분산되어 누진구조인 종합소득세 세율이 낮아지는 효과가 있습니다.

전체 과세대상소득은 동일하지만 배우자를 직원으로 고용하는 경우에는 근로소득에 대해 근로소득공제가 적용되고, 건강보험료 적용 방식 등에서 차이가 발생합니다.

예를 들어 A, B 부부가 공동사업자로 운영하는 사업장이 1억 원의 이익을 냈다고 가정하고 살펴봅시다. 부부 각각의 지분이 50대 50인 공동사업장인 경우 A의 사업소득이 5,000만 원, B의 사업소득도 5,000만 원이 될 것입니다.

반면 B가 직원으로 고용된 경우라면 A의 사업소득은 급여 지급 후 5,000만 원으로 동일하지만 B의 소득은 근로소득으로 근로소득공제를 받아 3,775만 원으로 줄어들게 됩니다.

하지만 두 가지 방법 중 어느 방법이 유리한지는 단정하기 어렵습니다. B의 급여수준이 달라지고 다른 소득이 있는지 등에 따라 소득공제나 세액공제에서도 차이가 나고, 건강보험료도 달라지기 때문입니다.

배우자는 세법상 특수관계이기 때문에 동업계약을 맺고 공동사업을 운영할 때 주의가 필요합니다. 공동사업장이라면 부부가 함께 사업을 해야 하는데, 실제로는 배우자 한쪽이 사업에 전혀 참여하지 않는다거나 그 비중이 크게 떨어지는 경우 문제가 될 수도 있습니다. 국세청에서 볼 때 세 부담을 줄이기 위해 허위로 공동사업자로 등록했다거나 손익분배비율을 허위로 정한 것으로 판단할 수 있기 때문입니다. 만약 조세회피를 목적으로 손익분배비율을 허위로 정한 것으로 인정되는 경우에는 손익분배비율이 큰 사람에게 소득을 합산해서 과세할 수 있도록 정하고 있습니다. 따라서 분배된 소득이 아닌 합산된 소득에 대해 세금을 내야 합니다.

중요한 것은 공동사업장이나 단독사업장 모두 실제로 소득배분이 이뤄져야 한다는 점입니다. 공동사업장은 동업 계약을 맺고 공동으로 사업자등록을 해야만 이익이 배분되고, 소득이 분산되어 세 부담을 낮출 수 있습니다. 배우자 한쪽이 근로자여서 급여를 지급하는 경우에도 적정급여를 책정해서 실제 지급이 이뤄져야 합니다.

부부가 공동대표라도 단독대표인 경우와 마찬가지로 대표가 사용한 식대 등은 사업 관련 비용으로 인정받을 수 없습니다. 특히 부부 공동사업장은 다른 사업장에 비해 본인의 식대나 가사경비 등이 사업경비와 섞일 가능성이 더 높으므로 사업 관련 경비의 구분이 더욱 중요합니다.

대출에 대한 이자비용의 경비처리는 부부 공동사업장이어서 더 문제가 될 수도 있습니다. 예컨대 대출을 받아 취득한 부동산으로 부동산임대업을 하는 사업자가 사업 개시 이후에 배우자에게 부담부증여로 부동산의 지분을 넘겨서 공동사업자로 전환한 경우가 있습니다. 이때 지분을 넘겨받은 배우자의 차입금이자는 비용처리가 안 되는 문제가 발생할 수 있습니다.

사업용 차입금의 이자는 비용처리가 되는데, 투자용 차입금 이자는 비용처리가 안 되기 때문입니다. 위 사례의 경우 부동산 사업을 위한 대출인지 투자를 위한 대출인지가 불분명하기 때문에 국세청에서 쉽게 인정을 해주지 않습니다.

초보 사장님 : 공동명의 사업장인 경우, 사업용 계좌는 누구 앞으로 해야 하나요?

택스코디 : 개인사업자는 업종별 매출 규모에 따라 복식부기의무자에 해당하면 반드시 사업용 계좌를 신고하고 거래해야 합니다. 부부 공동사업자는 공동사업장 명의의 계좌나 둘 중 한 명의 계좌를 등록해 사용할 수 있습니다.

또 사업용 카드도 공동사업 구성원 모두의 카드를 각각 국세청 홈택스에 등록할 수 있습니다. 과거에는 공동사업자 중 대표되는 사업자 1명의 명의로 된 신용카드만 사업용 카드로 등록할 수 있었지만, 2018년 말부터 규정이 바뀌어 증빙 관리가 편리해졌습니다.

🧾 지방소득세

종합소득세 납세자는 2020년부터 개인지방소득세를 지방자치단체에 따로 신고·납부해야 합니다. 지방재정분권을 위해 국세청에 소득세를 낼 때 소득세의 10%를 자동으로 떼어가던 방식에서 지자체에 따로 신고·납부하는 방식으로 바뀌었기 때문입니다.

따라서 납세자의 신고 부담이 갑자기 커질 수 있지만, 이 부분도 지원책이 마련됐습니다. 국세청과 행정안전부가 협업해서 종합소득세를 신고하면 지방소득세도 함께 신고될 수 있도록 시스템을 구축하여, 납세자 입장에서는 사실상 종전과 큰 차이를 느끼기 어려울 정도입니다.

국세청 홈택스에서 종합소득세 신고를 하면 추가적인 인증 없이 지방세를 신고납부하는 위택스로 실시간으로 이동할 수 있습니다. 또한 위택스 이동 후에는 개인지방소득세의 신고서도 자동으로 채워져 있어 클릭 한 번이면 신고가 끝나게 됩니다.

이미 국세청에서 종합소득세 모두채움 신고서를 받은 납세자에게는 세액까지 적혀 있는 개인지방소득세 납부서가 함께 동봉돼 전해집니다. 납세자는 해당 납부서의 세액을 납부하면 신고까지 한 것으로 인정됩니다.

위택스로 지방소득세를 신고하면 즉시 가상계좌가 부여되기 때문에 무통장입금이나 인터넷뱅킹 등으로 실시간으로 납부하는 것도 가능합니다. 만약 전자납부가 어려운 상황이라면 본인 명의의 통장과 카드를 들고 은행 CD기나 ATM기를 이용하면 납부서가 없어도 납부가 가능합니다.

온라인뿐만 아니라 오프라인에서도 전국 모든 시·군·구청에 설치된 개인지방소득세 신고창구에서 지방세 공무원과 국세청 국세공무원이 함께 근무하며 신고를 안내하고 있습니다.

양도소득세 확정신고

양도소득세 예정신고를 했더라도 아래의 경우에는 양도일이 속한 연도의 다음 연도 5월 1일에서 5월 31일까지 양도소득세 확정신고·납부를 해야 합니다.

- 당해연도에 누진세율의 적용대상 자산에 대한 예정신고를 2회 이상 하면서 양도소득금액을 합산하여 신고하지 않은 경우
- 양도소득세 과세대상 자산을 2회 이상 양도한 경우, 양도소득 기본공제를 적용할 경우 양도소득산출세액이 달라지는 경우

예정(확정) 신고, 납부를 하지 않은 경우에는 무신고가산세(일반 무신고가산세 20%, 부당무신고가산세 40%) 및 무납부가산세(1일 경과

22/100,000)를 부담해야 합니다.

📄 양도소득의 종류별 구분

양도소득금액은 아래의 소득별로 구분해 계산합니다. 양도소득금액을 계산할 때 양도차손이 발생한 재산이 있는 경우에는 같은 종류별로는 서로 통산하지만 다른 종류의 소득금액과는 통산하지 않습니다.

① 토지 등의 양도소득

• 토지 또는 건물의 양도로 발생하는 소득

• 부동산을 취득할 수 있는 권리, 지상권, 전세권과 등기된 부동산임차권 등 부동산에 관한 권리의 양도로 발생하는 소득

• 다음 중 어느 하나에 해당하는 재산의 양도로 발생하는 소득 : 토지 또는 건물 등 사업용 고정자산과 함께 양도하는 영업권, 이용권/회원권 및 그 밖에 그 명칭과 관계없이 시설물을 배타적으로 이용하거나 일반 이용자보다 유리한 조건으로 이용할 수 있도록 약정한 단체의 구성원이 된 자에게 부여하는 시설물 이용권, 부동산 과다 보유 법인의 주식 등, 토지 또는 건물 등과 함께 양도하는 이축권

② 주식 등의 양도소득

• 주식상장법인의 대주주가 양도하는 주식과 증권시장 외에서 거래하는 주권상장법인의 주식과 비상장법인의 주식

③ 파생상품 등의 양도소득

• 자본시장과 금융투자업에 관한 법률 제5조 제2항 제1호에 따라 장내파생상품으로서 증권시장 또는 이와 유사한 시장으로서 외국에 있는 시장을 대표하는 종목을 기준으로 산출된 지수를 기초자산으로 하는 상품
• 당사자 일방의 의사표시에 따라 위의 지수의 수치 변동과 연계하여 미리 정해진 방법에 따라 주권의 매매나 금전을 수수하는 거래를 성립시킬 수 있는 권리를 표시하는 증권 또는 증서
• 해외 파생상품시장에서 거래되는 파생상품

[TAX] 양도소득세 절세 팁

양도소득세는 누진세 구조로 되어 있어서, 누진세율이 적용되는 같은 종류의 재산을 한 해에 2회 이상 양도하면 각각의 양도소득금액이 합산되므로, 보다 높은 세율을 적용받아 더 많은 세금을 낼 수 있습니다.

그런데 앞에서 살펴본 것처럼 부동산과 주식, 파생상품 등 서로 다른 종류의 재산을 같은 해에 양도할 경우에는 각각의 양도차익은 합산되지 않습니다. 따라서 이익이 발생한 양도소득세 과세대상 재산을 파는 경우에는 한 해에 한꺼번에 파는 것보다 여러 해에 걸쳐 나누어 파는 것이 계산상 유리합니다. 그래야만 이익이 분산되므로 각각 낮은 세율을 적용받아 전체 세금이 줄어들게 됩니다.

정리하면 양도차익이 발생하는 같은 종류의 재산을 비슷한 시기에 파는 경우에는 연도를 달리해서 팔아야 합니다.

그런데 같은 종류의 재산을 2회 이상 양도하더라도 하나의 재산 양도에서는 이익이 발생하고 다른 재산의 양도에서는 손실이 발생한 경우에는, 각각의 양도차익과 양도차손을 통산하므로 한쪽에서 난 이익을 다른 쪽에서 난 손실로 차감하면 오히려 전체 소득금액이 줄어들기 때문에 양도소득세가 줄어듭니다. 그러므로 각각 양도차익과 양도차손이 날 것으로 예상되는 같은 종류의 재산을 비슷한 시기에 양도하는 경우에는 오히려 같은 해에 파는 것이 유리합니다.

6
June

6월의 세금과 절세법

종합소득세(성실신고대상자)

종합소득세 신고는 일반적으로 5월 말까지 해야 하지만, 이를 6월 말까지 하는 사람들이 있습니다. 바로 '성실신고확인 대상'이라고 불리는 사업자입니다. 개인사업자 중에도 업종별로 수입금액(매출)이 일정 수준을 넘는, 규모가 큰 사업자는 좀 더 꼼꼼하게 신고하도록 구분해놓은 것입니다.

성실신고확인 대상자들은 종합소득세 신고서를 쓴 후에 신고서가 성실하게 잘 작성됐는지 세무대리인에게 한 번 더 확인해서 신고해야 합니다(신고서를 점검할 시간이 필요한 까닭에 신고기간을 한 달 더 주는 것입니다).

2019년 신고부터는 대상이 좀 더 확대되었습니다. 2018년 매출 기준으로 농업도소매업 15억 원 이상, 제조건설업 7억 5,000만 원 이상, 서비스업 5억 원 이상인 사업자는 세무대리인에게 성실신고확인 도장을 받아야 합니다.

초보 사장님 : 그럼 성실신고확인 대상자가 되면 무조건 세무대리인을 선임해야 하는 건가요?

택스코디 : 그렇습니다. 성실신고확인 대상자는 4월 30일까지 성실신고확인을 받을 세무대리인을 결정해서 관할 세무서에 성실신고확인자 선임신고서도 제출해야 합니다. 그런 후에 6월 말까지 성실신고확인을 받은 종합소득세 신고서를 제출해야 합니다.

단지 규모가 큰 사업을 하거나 특정업종의 사업을 한다는 이유로 불편한 신고과정을 거쳐야 하는 셈인데, 따라서 성실신고확인 대상 사업자에게는 약간의 인센티브도 주어집니다.

신고기간을 한 달 더 주는 것 외에도 근로소득자들과 같이 의료비와 교육비 세액공제를 해주고, 성실신고확인 수수료도 60%까지 세액공제가 가능합니다(지출액의 15%까지 의료비와 교육비 세액공제를 해주고,

성실신고확인 비용은 최대 120만 원까지 세액공제를 합니다).

하지만 성실신고확인 의무를 제대로 이행하지 않는 경우에는 불이익을 받게 됩니다. 기한 내에 확인서를 제출하지 않으면 산출세액의 5%를 가산세로 물어야 합니다. 납세협력의무 불이행자로 찍혀 국세청의 수시 세무조사 대상에 선정될 가능성도 높아집니다.

한편 성실신고확인 대상이지만, 성실신고확인을 받지 않고 남들처럼 5월에 종합소득세 신고만 해도 신고는 가능합니다. 다만 이 경우에도 성실신고확인서 미제출 가산세는 부담해야 하며, 세무조사의 위험도 역시 올라갑니다.

성실신고확인서가 없다고 해서 종합소득세 신고도 하지 않으면 일이 더 커집니다. 성실신고확인서 미제출 가산세뿐만 아니라 무신고가산세(20%), 무기장가산세(20%)까지 떠안게 됩니다.

📄 성실신고확인제도, 어디까지 검증할까?

수입금액이 큰 개인사업자는 종합소득세를 신고하기 전에 '성실신고확인' 절차를 거쳐야 합니다. 업종별로 일정한 수입금액을 넘어선 성실신고확인 대상자는 매년 6월 30일까지 세무대리인의 검증을 받아 관할 세무서에 확인서를 제출해야 합니다.

만약 성실신고 여부를 제대로 확인하지 않은 경우 국세청의 사후검증을 통해 세무조사 대상에 선정될 수 있습니다. 또한 세무대리인까지 강력한 징계를 받기 때문에 사업자나 세무대리인 모두에게 부담스러운 제도입니다.

초보 사장님 : 그렇다면 성실신고확인을 담당하는 세무대리인은 사업자의 어떤 부분까지 들여다보나요?

택스코디 : 세무대리인이 국세청에 제출하는 성실신고확인결과 주요항목 명세서를 보면 사업장의 기본사항을 비롯해 15개 항목을 기재해야 합니다.

주요 거래처 현황에는 전체 매출액 대비 5% 이상을 차지하는 매출처 상위 5개와 거래금액·거래품목 등을 적어야 합니다. 주요 유형자산과 차입금·지급이자, 대여금·이자수익, 매출채권·매입채무, 선급금·선수금 명세서도 구체적으로 명시해야 합니다. 또 수입금액 매출증빙 발행현황도 중요한 항목입니다. 총수입금액에 비해 매출증빙(세금계산서·현금영수증 등)을 발행한 금액이 얼마인지 적은 후 차액이 발생한 원인을 써 내야 합니다.

또 특수관계인에게 지출한 인건비와 보증·담보 내역, 지출증명서류 합계표, 금융계좌 잔액 등도 꼼꼼하게 기재해야 합니다. 3만 원 초과 거래 가운데 적격증빙이 없는 매입거래분에 대한 명세서와 상품권·기프트카드·선불카드 구매 명세서까지 적게 됩니다.

성실신고확인 결과에 대한 '주관식' 답변도 있습니다. 현금 수입금액을 누락했거나 업무와 관련 없는 유흥주점 비용을 쓴 경우, 업무용 차량에 주유비를 과다하게 지출한 경우 등을 일일이 확인한 후 특이사항과 종합의견을 기재해야 합니다. 이런 항목들을 허위로 기재하거나 제대로 확인하지 않는 세무대리인은 무거운 징계를 받게 됩니다.

국세청이 모든 사업자의 장부 기장 내역을 일일이 확인할 수 없기 때문에 세무대리인에게 성실신고 여부를 맡기는 것입니다. 따라서 사업자와 결탁해 고의적으로 탈세를 방조하는 행위에 대해서는 무거운 처벌을 받을 수 있습니다.

모 세무사는 증빙 없는 경비를 사업자의 요구로 계상해 세액을 탈루했다가 직무정지 1년과 과태료 500만 원의 징계를 받았습니다. 또, 다른 세무사는 직원의 진술만 믿고 증빙이 없는 소모품비를 비용처리한 사실이 적발돼 직무정지 6월과 과태료 500만 원 처분을 받은 사례도 있습니다.

자동차세

11개 지방세를 살펴보면, 국세보다 우리 생활에 훨씬 가까운 것들이 대부분입니다. 가장 대표적인 지방세로 세대주나 사업주가 내는 '주민세'와 자동차 소유주가 내야 하는 '자동차세'가 있습니다.

또 부동산을 구입할 때는 '취득세'를 내야 하고, 이미 보유 중이라면 '재산세'가 부과됩니다.

경마장 입장료에서 떼는 '레저세', 담배 살 때 내는 '담배소비세', 인지세의 지방세 버전인 '등록면허세'도 지방세의 한 축을 담당하고 있습니다. 지하수나 발전소 등 자원을 이용하는 사람들은 '지역자원시설세'를 내고, 기생 세목인 '지방소득세'와 '지방소비세', '지방교육세'는 각각 소득세와 소비세, 교육세 등 다른 세목에 자동으로 따라 붙는 세금입니다.

국세가 국민 전체의 복지와 사회 안전, 국방을 위해 쓰인다면, 지방세는 해당 지역의 상하수도나 도로 등 생활에 밀접한 공공서비스의 재원으로 사용됩니다. 그래서 술을 사면 국가 재정(주세 : 국세)에 도움이 되고, 담배를 구입하면 지방 재정(담배소비세 : 지방세)에 일조한다는 농담을 하기도 하지요.

자동차세는 자동차를 보유한 국민들의 비율이 크게 늘어나면서, 이제는 사실상 필수적으로 지출되는 세금이 되어버렸습니다.

자동차를 소유한 사람(또는 법인)이 과세 대상이며, 국세가 아니라 지방자치단체에 내는 지방세입니다. 1년 기준으로 계산된 세액을 반으로 나눠 6월과 12월에 납부해야 합니다(단, 연세액이 10만 원 이하인 차량에 대해서는 6월에 한 번만 부과합니다). 연납과 승용차 요일제 등의 제도를 활용하면 자동차세를 조금이라도 아낄 수 있습니다.

승용자동차는 배기량, 승합자동차는 승차 인원과 규격, 화물자동차는 적재량을 기준으로 부과되며 비영업용 승용자동차의 경우 지방교육세 30%가 포함됩니다. 배기량이 없는 전기차는 영업용 2만 원, 비영업용 10만 원의 자동차세가 부과됩니다.

소유한 날짜만큼 1할 계산해 후불로 내는 것이 원칙입니다. 중간에 자동차를 바꾸더라도 소유한 기간만큼 계산해서 내는 것입니다. 만일 자동차를 폐차하거나 양도했다면 별도의 신청 없이 남은 기간에 해당하는 금액을 환급받을 수 있습니다. 또 다른 시, 도로 이사를 하는 경우에는 환급 대신 새로운 주소지의 자동차세를 면제받게 됩니다.

한편 자동차세도 납부기한이 지나면 가산금이 부과되니 기한 안에 납부하는 것이 중요합니다. 납부기한을 한 달 넘기면 3%, 두 번째 달부터는 매달 0.75%의 가산금이 붙게 되며 자동차 등록증이 압류되는 등 불이익을 당할 수 있습니다.

자동차세를 나눠서 내지 않고 한 번에 납부하는 연납제도를 활용하면 세액을 감면받을 수 있습니다. 연납제도는 자동차세를 언제 납부하는가에 따라 공제율이 달라집니다.

1월에 내면 약 4.57%, 3월에 내면 약 3.75%, 6월에 내면 약 2.52%, 9월에 내면 약 2.52%의 공제를 받게 됩니다.

🧾 자동차세를 감면받으려면

자동차세 연납 신청은 주민센터로 전화 또는 방문해서 신청할 수 있습니다. 또 지방세 포탈사이트인 위택스에 접속해 신청과 동시에 납부도 가능합니다. 한 번 연납 신청을 하면 매년 자동으로 연납 신청이 되기 때문에 별도의 신청이 필요 없게 됩니다.

연납 외에도 승용차 요일제에 동참해 자동차세를 감면받을 수도 있습니다. 승용차 요일제는 비영업용 10인승 이하 승용차가 자율적으로 참여하여 주중 하루(오전 7시 ~ 오후 8시) 동안 운행하지 않는 제도입니다. 지역에 따라 다소 차이가 있지만, 승용차 요일제에 참여하면 자동차세의 5~10%를 감면해줍니다.

서울시는 2020년부터 승용차 요일제를 폐지하고 그 대안으로 승용차 마일리지 제도를 도입했습니다. 승용차 마일리지는 연평균 주행거리와 가입 후 1년간의 주행거리를 비교해 감축 정도에 따라 인센티브를 제공하는 제도입니다. 적립된 마일리지는 자동차세 납부 등에 사용할 수 있습니다.

자동차의 노후화를 판단하는 기준인 차령에 따라서도 자동차세가 할인됩니다. 차령 3년 차부터 매년 5%씩 할인율이 증가하며, 차령 12년의 경우 최대 50%까지 자동차세를 할인받을 수 있습니다.

세알못 : 신용카드로도 자동차세 납부가 가능한가요?

택스코디 : 일부 신용카드를 이용하면 무이자 할부로 자동차세를 납부할 수 있습니다.

지방세인 자동차세는 국세와 달리 신용카드로 무이자 할부 납부해도 납부대행 수수료가 발생하지 않습니다. 단, 신용카드로 자동차세를 납부하면 마일리지 적립이나 실적 대상에서 제외될 수 있습니다.

꼭 알아야 할 부동산 세금
4. 상속세

상속세는 피상속인이 사망한 날이 속하는 달의 말일부터 6개월 이내에 상속인들이 스스로 세금을 계산해서 신고·납부해야 하는 세금입니다. 예를 들어 피상속인이 1월 20일에 사망했다면 상속인들은 그해 7월 31일까지 상속세를 신고·납부해야 합니다.

상속세를 직접 계산하기 위해서는 어떤 과정을 거쳐야 하는지 상속세 계산방법을 순서대로 살펴보겠습니다.

상속세를 계산하기 위해서는 먼저 상속재산이 얼마나 있는지부터 파악해야 합니다.

상속재산에는 사망한 피상속인이 보유하고 있던 국내외의 모든 재산이 해당됩니다. 부동산과 주식, 현금 등 당장 금액을 계산할 수 있는 물건부터 특허권, 저작권 같은 재산적 가치나 법률상 권리도 상속재산에 포함됩니다.

또 보험금, 신탁재산, 퇴직금도 상속재산에 포함해서 계산해야 하며, 피상속인이 사망하기 전 10년 이내에 상속인 또는 상속인이 아닌 사람에게 증여한 재산도 상속재산가액에 합산합니다.

세알못 : 피상속인의 부채는 어떻게 되나요?

택스코디 : 상속재산에 빚이 포함됐다면, 상속재산에서 뺄 수 있기 때문에 채무의 존재도 꼭 확인해야 합니다. 금융채무를 비롯해 세금체납액 등 공과금도 상속재산에서 빠집니다. 장례를 치르는 데 쓴 장례비도 증빙이 있는 경우 1,000만 원까지 상속재산에서 공제하고, 봉안시설비용도 500만 원까지 공제할 수 있습니다.

상속재산을 한 번에 찾는 '안심상속 원스톱 서비스'를 활용하면 재산 찾기가 좀 더 수월합니다. 원스톱 서비스에서는 피상속인 명의의 모든 금융자산과 채권, 연금, 부동산, 자동차, 기타 세금체납액 등을 통합해서 한번에 확인할 수 있습니다.

그러나 상속재산이 파악됐다고 해서 그 금액을 기준으로 곧장 세금을 계산하는 것은 아닙니다. 여러 가지 공제제도를 활용해 최대한 상속재산의 규모를 줄인 다음 계산합니다. 상속받는 사람은 많지만 상속세를 내는 사람은 적은 이유입니다.

상속공제는 상속인의 가족 구성에 따라 그 금액이 크게 달라집니다. 우선 배우자가 없이 상속인이 자녀로만 구성된 경우에는 5억 원을 일괄공제하거나 기초공제 2억 원과 기타 인적공제를 합산한 금액 중 큰 금액을 공제합니다. 기타인적공제는 자녀 1인당 5,000만 원(미성년자는 19세가 될 때까지의 연수×1,000만 원)씩을 합산해 산출합니다.

배우자가 있는 경우에는 배우자공제로 최소 5억 원에서 최대 30억 원까지 공제받을 수 있습니다. 배우자와 자녀가 모두 있는 경우에는 이 둘을 합하면 되는데, 이때 배우자상속공제액은 법정상속지분을 기준으로 계산합니다.

재산의 종류에 따라 받을 수 있는 상속공제도 있습니다. 우선 중소·중견기업 대표자가 사망해 상속인이 가업을 상속하는 경우에는 가업영위기간 등에 따라 최대 600억 원을 공제받고, 농어업후계자 등 영농인으로 영농상속을 받는 경우에도 15억 원까지 영농상속공제를 받을 수 있습니다.

상속재산 중에 금융재산이 포함돼 있는 경우에는 금융재산가액에 따라 2,000만~2억 원까지를 금융재산공제로 공제합니다. 상속인이 피상속인과 함께 살던 주택을 물려받는 경우에는 동거주택 상속공제로 주택상속가액에서 최대 6억 원을 공제받을 수 있습니다.

🗎 상속세 세율과 세액공제

상속재산에서 상속공제를 적용하고 나면 비로소 상속세를 계산할 과세표준이 나옵니다. 여기에 10~50%의 세율을 곱하면 상속세가 계산됩니다.

상속세는 과세표준이 1억 원 이하이면 10%, 5억 원 이하는 20%, 10억 원 이하 30%, 30억 원 이하 40%, 30억 원 초과 50%의 세율을 적용합니다. 누진세율 체계여서 1억 원을 초과하는 각 구간별로 계산된 세액에서 1,000만~4억 6,000만 원을 누진공제로 빼줍니다.

만약 자녀가 아닌 손자녀가 세대를 건너뛰어 상속하는 경우에는 기본세율을 적용해 계산한 산출세액에 30%를 할증해서 세금을 내야 합니다. 또 상속인이 미성년이면서 20억 원을 초과해 상속받는 경우에는 40%를 할증합니다.

과세표준에 세율을 곱해서 상속세를 계산한 후에는 법으로 허용하고 있는 세액공제 혜택을 챙겨야 합니다.

우선 피상속인이 사망하기 전 10년 이내에 증여받은 재산이 상속재산에 포함된 경우, 증여 당시 신고납부한 증여세액을 상속세액에서 공제할 수 있습니다. 이것이 **증여세액공제**입니다. 10년 내의 모든 사전증여액도 상속재산에 포함하지만, 증여세를 낸 증여재산은 상속재산에서 빼주는 셈입니다.

또 앞서 상속받은 재산이 있는 피상속인이 10년 이내에 사망한 경우 단기에 또 상속이 발생한 점을 고려해 중복된 상속세를 공제하는 제도도 있습니다. 이것이 **단기상속공제**입니다.

가령 아버지가 사망해 어머니와 자녀가 상속받은 후 다시 10년 내에 어머니까지 사망한 경우, 어머니가 앞서 아버지로부터 상속받으며 납부한 상속세는 최종적으로 자녀가 어머니 사망 시에 납부할 상속세액에서 공제하는 것입니다.

다만, 단기상속공제는 1년 내에는 100%의 공제율을 적용하지만 더 오래된 경우에는 1년 단위로 10%씩 공제율이 줄어들게 됩니다. 10년 내에 발생한 재상속이지만 9년이 지나 이루어졌다면 앞서 납부한 상속세액의 10%만 공제합니다.

상속세를 신고기한 내에 제때 신고했다는 이유만으로 공제하는 **신**

고세액공제도 있습니다. 각종 세액공제를 적용해 계산된 상속세의 3%를 신고세액공제로 빼면 됩니다.

· 상속공제의 종류 ·

공제 유형	공제 내용
기초공제	상속세 과세가액에서 2억 원을 공제
가업상속공제	피상속인이 10년 이상 계속하여 경영한 기업을 상속하는 경우에 기업상속 재산가액에 상당하는 금액을 공제하되, 그 금액이 300억 원 초과 시 경영기간이 10년 이상 20년 미만이면 300억 원, 20년 이상 30년 미만이면 400억 원 , 30년 이상이면 600억 원 한도.
영농상속 공제	영농(축산업, 어업 및 임업 포함) 상속을 하는 경우에 영농상속재산가액을 공제하되, 그 가액이 15억 원을 초과하는 경우 15억 원 한도로 공제.
배우자 상속공제	배우자가 실제 상속받은 금액을 공제하되, 그 금액이 30억 원을 초과하는 경우에는 30억 원을 한도로 함. 단, 배우자가 실제 상속받은 금액이 없거나 상속받은 금액이 5억 원 미만이면 5억 원을 공제.
그 밖의 인적공제	- 자녀 1명당 5,000만 원 공제. - 상속인(배우자는 제외) 및 동거 가족 중 미성년자에 대해서는 1,000만 원에 19세가 될 때까지의 연수를 곱하여 계산한 금액을 공제. - 상속인(배우자는 제외) 및 동거 가족 중 65세 이상인 사람에 대해서는 5,000만 원 공제. - 상속인 및 동거 가족 중 장애인에 대해서는 1,000만 원에 상속개시일 현재 통계청장이 승인하여 고시하는 통계표에 따른 성별·연령별 기대여명의 연수를 곱하여 계산한 금액을 공제.
일괄공제	기초공제와 그 밖의 인적공제액을 합친 금액이 5억 원에 미달하는 경우에는 5억 원 공제. 상속세 신고를 하지 않는 경우에는 일괄공제 5억 원은 적용하되, 배우자가 단독으로 상속받은 경우에는 일괄공제를 적용할 수 없음.

금융재산 상속공제	상속재산가액 중 금융재산의 가액에서 금융 채무를 뺀 가액(순금융재산의 가액)이 있으면 다음의 구분에 따른 금액을 공제하되, 그 금액이 2억 원을 초과하면 2억 원을 한도로 함. - 순금융재산가액이 2,000만 원을 초과하는 경우, 순금융재산가액의 20% 또는 2,000만 원 중 큰 금액을 공제. - 순금융재산가액이 2,000만 원 이하인 경우, 순금융재산가액을 공제.
재해손실 공제	상속세 신고기한 이내에 재난으로 인하여 상속재산이 멸실되거나 훼손된 경우, 그 손실가액에서 보험금 수령이나 구상권 행사에 의해 보전받을 수 있는 금액을 뺀 금액을 공제.
동거주택 상속공제	아래의 요건을 모두 갖춘 상속주택가액(그 주택에 담보된 피상속인의 채무를 뺀 금액)의 100%에 상당하는 금액을 공제하되, 6억 원을 한도로 함. - 피상속인과 상속인(직계비속인 경우로 한정)은 상속개시일로부터 소급하여 10년 이상(동거 주택 판정 기간) 계속하여 한 주택에서 동거해야 함(상속인이 미성년자인 기간은 동거 기간에 불포함). - 피상속인과 상속인이 동거 주택 판정 기간에 계속하여 1세대를 구성하면서 1세대 1주택에 해당해야 함. 상속개시일 현재 무주택자이거나 피상속인과 공동으로 1주택을 보유한 자로서 피상속인과 동거한 상속인이 상속받은 주택에 한함.

추정상속재산

가족이 사망하고 상속재산이 상당한 규모라면 당연히 상속세를 계산해 신고·납부해야 합니다. 그런데 실제 내가 상속받은 재산이 아닌데도 상속세를 내야 할 상속재산에 포함되는 경우도 있습니다. 직접 상속받지 않은 부분에 대해서도 세금을 내야 하는 다소 억울한 상황이 벌어지는 것입니다.

이렇게 실제 상속인이 상속받지 않았음에도 상속재산에 가산하는 **추정상속재산**이라는 것이 존재한다는 사실을 아는 것은 중요합니다. 이 때문에 예기치 않게 세금을 더 부담해야 하는 상황이 생길 수 있기 때문입니다.

세알못 : 추정상속재산에는 어떤 것이 있나요?

택스코디 : 추정상속재산은 피상속인이 사망 직전에 재산을 처분했거나 현금을 인출하는 등의 방법으로 상속인이 아닌 다른 사람에게 증여한 경우가 해당합니다. 실제로 상속인들은 그런 사실을 까맣게 모르고 있었더라도, 증여받지 않았다는 입증을 하지 못한다면 국세청 입장에서는 상속재산에 포함되는 사전증여로 볼 수밖에 없다는 규정입니다.

가령 아버지가 사망 직전에 오래된 지인에게 마음의 빚을 갚기 위해 현금을 인출해서 증여했다거나, 내연관계에 있던 사람에게 부동산을 구입해 주는 등의 일이 있었다고 가정하면, 이 경우 상속인들은 이 사실을 전혀 모르고 있더라도 이 모든 금액은 상속인들이 상속받은 것으로 인정된다는 것입니다.

피상속인이 사망 전에 처분한 재산의 사용처에 대해서는 상속인이 모두 입증해야 한다는 것이 원칙입니다. 입증할 수 없는 경우에는 상속재산에 포함되어 세금을 추징당할 수 있습니다.

구체적으로 상속개시일(사망일) 전 1년 이내에 피상속인이 처분하거나 인출한 금액이 2억 원 이상인 경우, 혹은 상속개시일 전 2년 이내에 피상속인이 처분하거나 인출한 금액이 5억 원 이상인 경우에는 상속인들이 그 사용처를 입증해야 합니다. 입증해내야 할 재산에는 현금과 예금, 유가증권에서부터 부동산 및 부동산 권리 등이 모두 포함됩니다.

또 피상속인이 사망 직전에 상속인이 알 수 없는 빚을 진 경우에도 그 입증 책임은 상속인들에게 있습니다. 빚을 내어 증여했을 수도 있기 때문입니다. 마찬가지로 상속개시일 전 1년 이내에 2억 원 이상, 2년 이내에 5억 원 이상을 차입해 발생한 채무에 대해서도 입증 책임을 지게 됩니다.

7
July

7월의 세금과 절세법

재산세

재산세는 국민의 기초생활과 직결되는 만큼 낮은 수준에서 세금이 부과됩니다. 특히 기준시가 6억 원 이하의 주택은 과세 구조상, 그리고 지방자치단체에서 감면을 적용하는 경우가 많아서 세 부담이 크지 않습니다.

그러나 종합부동산세는 다릅니다. 기준시가가 인상되거나 신규로 주택이나 나대지 등을 구입하면 종합부동산세 부담이 늘어날 수 있습니다. 그러므로 부동산을 많이 보유한 사람들은 세금이 얼마나 나올지 미리 알아보고, 세금 부담 능력을 따져봐야 합니다.

보유세가 부담이 되면 처분이나 증여 등의 방법을 통해 재산의 규모를 줄일 필요가 있습니다.

세알못 : 보유세 절세법엔 어떤 게 있나요?

택스코디 : 만약 신축 건물 준공을 앞두고 있다면 준공 시점을 6월 1일 이후에 맞추면 당해연도에 보유세가 부과되지 않습니다.

분양 주택의 잔금 청산을 앞두고 있을 때도 6월 1일 이후에 잔금을 치르면 시행사가 재산세를 내는 것이 원칙입니다.

재산세와 종합부동산세는 주택의 '공시가격'을 기초로 산출하기 때문에 약간의 계산식만 이해하면 세금을 직접 계산할 수 있습니다. 고지서가 날아오기 전에 미리 세액을 계산해놓으면 납부할 세액을 준비하기가 쉽고, 가계의 현금흐름에도 예측 가능성이 높아집니다.

부동산 정책으로 인해 집을 계속 보유해야 할지, 아니면 팔아야 할지 고민하고 있다면, 반드시 보유세를 계산해보고 결정해야 합니다.

먼저 재산세는 해당 주택의 공시가격에 공정시장가액비율을 곱하고 여기에 재산세율을 적용해 구할 수 있습니다.

공시가격은 국토교통부가 한국감정원과 함께 매년 1월 1일을 기준으로 조사해서 정기적으로 발표합니다(아파트, 연립, 다세대주택 등 공동주택은 4월 말, 단독주택은 5월 말에 공시됩니다).

공시가격은 한국감정원 부동산 공시가격 알리미 홈페이지에서 주소만 입력하면 금방 조회할 수 있습니다. 이를 확인했으면 공정시장가액비율을 곱해 세금 계산의 기초인 과세표준을 산출할 수 있습니다.

공정시장가액비율은 주택가격 변동과 지방 재정 여건 등을 감안해 공시가격의 반영비율을 조정할 수 있도록 만든 제도입니다. 하지만 재산세 공정시장가액비율은 2009년 도입 당시부터 60%로 유지해오다가 2022년 한시적으로 60%에서 45%로 낮췄고, 2023년에는 공시가격 6억 원 초과 주택의 공정시장가액비율은 2022년과 같이 45%를 적용하지만, 공시가격 3억 이하는 43%, 3억 원 초과 6억 원 이하 주택에는 44%를 적용했습니다.

재산세 과세표준을 구했으면, 여기에 세율만 곱하면 재산세가 계산됩니다. 재산세율은 과세표준 구간에 따라 다음과 같이 달라집니다.

· 과세표준 구간에 따른 재산세율 ·

과세대상	과세표준	세율	누진공제
주택	6,000만 원 이하	0.1%	없음
	1억 6,000만 원 이하	0.15%	3만 원
	3억 원 이하	0.25%	18만 원
	3억 원 초과	0.4%	63만 원
	별장	4%	없음

과세표준에 세율을 곱하면 재산세 계산이 끝나지만, 실제 재산세 고지서에는 이보다 큰 금액이 찍힙니다. 도시지역분 재산세와 지방교육세가 추가로 붙기 때문입니다(도시지역분은 재산세 과세표준의 0.14%, 지방교육세는 재산세액의 20%입니다).

예를 들어 주택 공시가격이 2억 원이라면 공정시장가액비율(60% 가정)로 1억 2,000만 원의 과세표준을 산출한 후 세율 0.15%를 적용하면 재산세는 18만 원이 됩니다. 여기에 도시지역분 168,000원과 지방교육세 36,000원을 포함하면, 실제로 재산세로 고지되는 금액은 총 384,000원이 됩니다.

수도권 아파트의 재산세, 얼마나 나올까?

세알못 : 공시가격 1억 원인 주택을 한 채만 가지고 있는데 재산세는 얼마나 나올까요?

택스코디 : 공시가격 1억 원에 공정시장가액비율 60%라고 가정해 적용하면 과세표준은 6,000만 원이 됩니다. 이에 대한 세율 0.1%를 계산하면 재산세는 60,000원입니다.

여기에 도시지역분(재산세 과세표준의 0.14%)과 지방교육세(재산세액의 20%)까지 포함하면 실제로 부담하는 보유세는 총 156,000원입니다. 이와 같이 계산하면 공시가격이 2억 원인 주택의 경우 보유세 348,000원, 공시가격 3억 원 주택의 보유세는 576,000원이 됩니다.

위와 같이 계산하면 공시가격 4억 원인 아파트는 보유세 840,000원을 내며, 공시가격 5억 원이라면 1,104,000원의 보유세를 내야 합니다.

또 공시가격 6억 원인 아파트는 보유세 1,476,000원, 공시가격 7억 원 아파트는 보유세 1,848,000원, 또한 공시가격 8억 원인 아파트라면 보유세 2,220,000원, 공시가격 9억 원인 아파트는 보유세 2,592,000원으로 계산됩니다.

사업자 부가가치세

사업자등록을 한 사업자는 매년 7월에 부가가치세를 신고·납부 (1~25일까지)해야 합니다.

신고 대상은 일반과세사업자, 일반과세전환 통보를 받은 간이과세 사업자입니다(1월에 이루어지는 부가가치세 확정신고는 과세유형에 상관없이 모두 신고·납부해야 합니다).

과세기간은 2020년 1월 1일부터 6월 30일까지입니다.

앞서 살펴본 것처럼 부가가치세는 매출세액에서 매입세액을 빼는 간단한 공식으로 계산되기에 어렵지 않습니다.

초보 사장님 : 일반과세전환 통지를 받았습니다. 7월에 부가가치세 신고

를 해야 하나요? 또 만약 7월 25일이 토요일이면 언제까지 신고해야 하나요?

택스코디 : 간이과세사업자 중 전년도 매출이 8,000만 원(종전 4,800만 원)을 초과하면 매년 7월 1일을 기준으로 일반과세사업자로 자동 전환됩니다. 한 해 매출을 기준으로 자동으로 다음 해 7월 1일부로 일반과세사업자로 전환되는 것입니다. 대부분의 경우 국세청에서 일반과세사업자로 전환된다는 전환통지 우편물이 오지만, 우편물을 수령하지 못한 경우에도 7월 1일을 기준으로 자동 전환됩니다.

일반과세전환 통지를 받은 사업주는 7월에 부가가치세 신고를 해야 합니다. 단, 이번 신고는 간이과세 방식으로 부가가치세 신고를 한다는 것에 주의해야 합니다.

참고로 100평 이상의 사업장을 운영 중이면 주민세(재산분) 신고(7월 31일까지)도 해야 합니다. 그러나 만일 신고 마감일(25일)이 토요일인 경우, 월요일(27일)까지 신고·납부하면 됩니다.

초보 사장님 : 현재 간이과세사업자로 사업장을 운영 중이고 신규로 간이과세사업자를 하나 더 발급받았습니다. 이런 경우에는 두 개의 사업장 매출을 합산해서 적용하나요?

택스코디 : 부가가치세법 시행령 109조 11항에 의거하여 두 개 이상의 간이과세사업장이 있는 경우에는 각 사업장의 매출을 합산하여 8,000만 원을 초과하면 두 사업장 모두 일반과세사업자로 전환됩니다.

📑 부가가치세 절세법

사업을 하는 분들 중에는 '나는 세무대리인을 고용하고 있으니 신경쓰지 않아도 되겠지. 전문가들이 어련히 알아서 잘 해주지 않을까?' 하고 생각하는 사장님들이 너무 많습니다.

부가가치세를 구하는 공식을 다시 한번 살펴보겠습니다. '부가가치세 = 매출세액 … 매입세액'이란 공식이 전부입니다.

세무대리인을 쓰든, 직접 신고하든 공식은 동일합니다. 그러므로 세무대리인이 신고한다고 해서 무조건 세금이 적게 나올 것이라고 생각하는 것은 잘못입니다.

부가가치세는 매입세액이 많으면 세금이 적게 나오는 구조를 가지고 있습니다. 만약 매입세액이 매출세액보다 크다면 환급을 받게 됩니다. 매입세액을 많게 하려면 매입세액공제를 받을 수 있는 적격증빙(세금계산서, 신용카드 매출전표, 현금영수증 등)을 많이 갖추면 됩니다. 결국 세무대리인을 고용하더라도 그 적격증빙들을 잘 갖추어 전달하는 것은 사장님의 몫이며, 세무대리인은 전달받은 적격증빙을 토대로 대리 신고를 할 뿐입니다.

그런데 적격증빙이 많으면 세금은 적게 나오지만, 세무대리인의 일은 늘어나게 됩니다. 적격증빙을 많이 처리한다고 해서 세무대리인의 보수가 늘어나지는 않습니다. 심지어 요즘은 회계사무실이 많이 늘어나 기장료도 줄어드는 추세이니, 그들 입장에서는 기장료를 올려 달라고 말하기도 쉽지 않습니다. 사장님들이 세무상식을 잘 알아서 관련 증빙을 많이 수취할수록 세무대리인의 일거리는 늘어나므로, 그들이 먼저 적극적으로 관련 증빙의 수취를 잘하는 방법(절세법)을 말해주는 경우는 생각보다 많지 않습니다. 그런데도 많은 사장님은 그저 전문가에게 맡겨 신고하면 막연히 세금이 적게 나올 것이라고 믿고 있는 것입니다. 그러므로 사장님들이 스스로 세금 공부를 해서 관련 증빙을 잘 수취하고, 고용한 세무대리인을 잘 부려야만 비로소 진짜 절세가 이루어지게 됩니다. 또 증빙서류들이 제대로 잘 처리되어 실제로 매입세액공제를 받았는지 확인하는 것도 필수입니다.

부가가치세를 구하는 공식은 너무나 간단하기에, 굳이 세무대리인을 거치지 않아도 조금만 공부하면 쉽게 혼자서 신고도 가능합니다. 또, 세무대리인을 고용하더라도 기본적인 증빙을 갖추는 세무상식 정도는 필수입니다.

다시 한번 더 강조하겠습니다. 세무대리인을 고용한다고 해서 무조건 절세할 수 있는 것은 아닙니다. 직접 신경쓰고 관리해야만 절세할 수 있습니다.

📄 부가가치세 신고 시 주의사항

초보 사장님 : 부가가치세 신고 시 주의할 사항은 무엇이 있나요?

택스코디 : 최근에는 결제수단이 다양해졌기 때문에 주의해야 할 부분이 많습니다. 매출의 경우 세금계산서, 신용카드, 현금영수증 등이 발행된 매출은 물론이고, PG사 등 결제대행사를 통한 매출액도 확인해서 빠뜨리지 않고 신고하는 것이 중요합니다.

매입의 경우에도 사업과 관련된 매입세액은 매출세액에서 공제하고 부가가치세를 납부하는 것이 일반적이지만, 법에서 매입세액 공제를 할 수 없도록 정한 항목도 있으니 유의해야 합니다.

특히 차량과 관련해서는 매입세액 공제여부를 묻는 분들이 많은데, 비영업용 소형승용차(개별소비세가 부과되는 차량)는 해당 자동차의 취득, 수선, 소모품비, 유류비 등 차량의 운행과 관련해 발생하는 직접비용뿐만 아니라 주차장 임대료, 주차장 관리비 같은 간접비용도 매입세액 공제를 받을 수 없다는 것을 알고 있어야 합니다. 렌트 비용과 유지비용도 불공제 대상입니다.

이때 영업용 차량이란 운수업, 자동차판매업, 자동차임대업, 운전학원업, 일부 경비업이 해당되며, 이런 업종과 관련된 경우가 아니라면 해당 차량 관련 비용에 대해서는 매입세액공제를 받을 수 없습니다.

그러나 개별소비세가 과세되지 않는 화물차나 1,000cc 이하의 경차, 125cc 이하의 이륜자동차, 9인승 이상의 승용차 등은 소형승용차에서 제외되기 때문에 매입세액공제가 가능합니다. 물론 사업과의 연관성이 있는 경우에 한해서입니다.

세금계산서는 부가가치세 신고의 기본이라고 할 수 있습니다. 부가가치세는 세금계산서 발행금액과 매입금액에 따라 납부세액을 결정하기 때문입니다. 세금계산서를 공급 시기에 맞게 발행하지 않았거나, 수령하지 않은 경우에는 양 당사자에게 모두 가산세가 부과될 수 있으니 주의해야 합니다.

세금계산서를 발급하지 않은 경우에는 미발급가산세(1%), 늦게 발급하면 지연발급가산세(0.3%), 발급내용이 부정확하면 부실기재가산세(0.5%)가 부과됩니다. 전자세금계산서의 경우에도 미전송가산세(2%), 지연전송가산세(1%)를 부담해야 합니다.

세금계산서는 매출처와 매입처별로 합계표도 정리해서 제출해야 합니다. 이것이 부실하면 매출처별합계표불성실가산세(0.3~0.5%), 매입처별합계표불성실가산세(0.5%)도 물어야 합니다.

따라서 세법상 공급 시기에 맞게 세금계산서를 정확하게 발급하고 수령하는 것이 절세의 기본이라고 할 수 있겠습니다.

8
August

8월의 세금과 절세법

꼭 알아야 할 부동산 세금
5. 양도소득세

최근 부동산 규제는 더 세졌고 세금도 더 무거워졌습니다. 이런 이유로 집주인들의 셈법이 복잡합니다. 파는 게 나을지, 갖고 있는 편이 나을지, 다른 길을 선택해야 할지 고민스럽습니다. 다주택자라면 그 고민은 더해집니다.

집을 어떻게 할지 결정할 때 가장 먼저 고려해야 할 것은 세금입니다. 살 때는 취득세, 가지고 있을 때는 보유세, 팔 때는 양도소득세를 내야 합니다. **양도소득세**는 아래와 같은 순서로 계산됩니다.

- 양도차익 = 양도가액 ... 필요경비(취득가액+기타 필요경비)
- 양도소득금액 = 양도차익 ... 장기보유 특별공제(6~30%, 24~80%)

- 양도소득 과세표준 = 양도소득금액 ... 양도소득 기본공제(250만 원)

- 산출세액 = 과세표준 × 세율(기본세율, 중과세율 등)

- 납부세액 = 산출세액 ... 기납부세액

양도소득세는 양도가액에서 필요경비를 차감한 후 다시 장기보유 특별공제와 양도소득 기본공제를 차감한 금액에 대해 부과됩니다. 근로소득에 비해 인위적으로 세금을 낮출 수 있는 방법은 거의 없습니다. 그러므로 양도소득세를 줄이기 위해서는 양도 이전에 반드시 철저한 대책을 수립한 후 양도하는 것이 바람직합니다.

세알못 : 인테리어 공사비도 필요경비로 인정되나요?

택스코디 : 인테리어 공사비가 재산 가치를 높이는 수리비일 경우 필요경비로 인정받을 수 있습니다.

그런데 부동산을 취득하고 난 후에 지출하는 모든 비용이 양도소득세를 줄일 수 있는 경비로 인정되는 것은 아닙니다. 또 필요경비로 인정되는 항목이더라도 그 지출 내용을 입증할 수 있는 증빙이 있어야 필요경비 처리가 가능합니다(2018년 4월부터는 적격증빙이나 금융거래증빙 중 어느 하나만 갖추어도 필요경비로 인정되도록 시행령이 개정되었습니다). 금융거래 증빙 시 필요경비로 인정받기 위해서는 인테리어 업체의 사업자등록번호와 상호, 견적서나 간이영수증 등을 갖추어야 합니다.

세알못 : 재산 가치를 높이는 수리비에는 어떤 게 있나요?

택스코디 : 공제받을 수 있는 필요경비에는 양도비, 재산 취득 후에 지출한 자본적 지출액 등이 있습니다.

자본적 지출액이란 부동산의 내용 연수를 연장시키거나 가치를 증가시키기 위해 지출한 수리비를 말합니다(단순히 현 상태를 유지하기 위해 들어간 비용은 제외합니다).

실무에서는 발코니 새시 설치비, 난방시설 교체비 등은 건물 가치를 실질적으로 증가시켰다고 보아 필요경비로 인정하고 있습니다. 그러나 벽지나 장판 교체비, 싱크대나 주방기구 교체비, 외벽에 대한 도색비, 문짝이나 조명기구 교체비, 보일러 수리비, 옥상 방수 공사비 등은 건물의 현 상태를 유지하기 위해 들어간 수선비용으로 보기 때문에 필요경비로 인정되지 않습니다.

세알못 : 양도비에는 구체적으로 어떤 게 있나요?

택스코디 : 계약서 작성비 및 양도세 신고서 작성비, 공증비, 인지대 및 소개비 등이 있습니다.

흔히 부동산을 팔면서 양도세를 계산할 때 그동안 낸 대출 이자액이 필요경비로 인정될 것이라고 생각하는데, 집 대출금에 대한 이자는 필요경비로 인정되지 않습니다. 더불어 부동산을 취득한 후에 돈을 빌리면서 들어간 근저당 설정비 등도 필요경비로 인정되지 않습니다.

부동산을 팔고 양도소득세 계산 시 필요경비로 인정되는 것 중에서 취득할 때 납부한 취득세 등의 세금 납부내역 영수증이 분실되더라도 구청 등에서 납세 증명을 받으면 문제가 없습니다.

그런데 재산 가치를 높이는 수리비 등(자본적 지출액)을 지출한 경우에는 공사계약서나 세금계산서, 영수증, 송금명세서, 도급계약서, 기타 대금 지급 자료 등 어떤 종류의 증빙이든 실제 지출한 사실을 입증해야 필요경비로 인정받을 수 있었으나, 2016년 2월 17일 이후 지출분부터는 세법에서 정하는 적격증빙(세금계산서, 신용카드 매출전표, 현금영수증 등, 2018년 4월 이후 지출분부터는 금융 증빙도 가능)을 받아야만 비용으로 인정받을 수 있습니다.

양도비 등의 경우에도, 2018년 4월 이후 지출분부터는 그 재산을 양도하기 위해 직접 지출한 비용으로서 세금계산서, 현금영수증, 무통장입금증 등 실제 지출 사실을 확인할 수 있는 증빙이 있어야 비용으로 인정받을 수 있습니다.

🧾 양도소득세 비과세

1세대 1주택 비과세에 해당하는가의 여부는 주택을 양도하는 날을 기준으로 판단합니다. 또 계속해서 같은 장소에서 생계를 함께했더라도 주택을 양도하기 전에 세대를 분리하면 별도의 세대로 봅니다. 그러므로 잔금을 받거나 등기를 하기 전에 1세대 2주택에 해당하는지의 여부를 꼭 따져보고, 필요하면 세대를 분리하는 등의 조치를 취하는 것이 중요합니다.

1세대 1주택을 판단할 때 함께 살고 있는 가족에는 거주자와 그 배우자뿐만 아니라 직계존비속 및 형제자매도 포함됩니다. 이때 같은 장소에서 생계를 함께하는지의 여부는 주민등록상으로 따지는 것이 아니라 사실상 현황으로 판단됩니다.

가령 부모가 이미 한 채의 주택을 소유하고 있는 상태에서 또 다른 주택을 소유하고 있는 자녀가 사정상 주민등록을 부모님의 주소지로 옮겼을 경우에 원칙적으로는 1세대가 2주택을 보유한 것으로 보지만, 실제 따로 살면서 주민등록만 함께 해놓았다는 사실을 입증하면 별도의 세대로 인정됩니다.

세알못 : 실제 별도의 세대인 것을 어떻게 입증하나요?

택스코디 : 실제로 살고 있던 곳의 가스나 수도요금 납부 영수증, 또는 그 건물에 대한 관리비 영수증 등을 챙겨놓았다가 제시하면 도움이 될 수 있습니다.

이런 영수증 외에도 관리사무소나 이웃들이 작성해준 거주 사실 확인서도 도움이 될 수 있습니다(단, 실제 거주 사실을 명확하게 입증할 만한 객관적인 자료 없이 확인서만으로는 거주 사실을 인정받지 못할 수도 있습니다).

세알못 : 배우자와 별거 중입니다. 세법상 같은 세대로 봐야 하나요?

택스코디 : 부부가 각각 세대를 달리 구성해도 부부는 세법상 동일한 세대로 봅니다.

사실상 이혼 상태이거나 별거 중이라고 하더라도 법률상으로 혼인 상태면 세법상 같은 세대에 해당합니다. 부부는 동일한 장소에서 함께 거주하든 별거를 하든, 법률적으로 이혼하지 않았으면 같은 세대로 봅니다. 또 만약 부부가 각각 주택을 한 채씩 소유하고 별거하고 있는 경우라면 1세대 2주택에 해당되어 비과세 혜택을 받을 수 없습니다.

세알못 : 위장이혼 부부는 어떻게 되나요?

택스코디 : 이런저런 이유로 위장이혼을 하는 경우도 있습니다. 세법에서는 법률상 이혼은 했지만 사실상 생계를 같이하는 등 이혼으로 보기 어려운 경우에는 동일한 세대로 보고 1세대 1주택 비과세 해당 여부를 판단합니다.

📄 양도소득세 중과세

중과세란 세금을 더 많이 과세한다는 말입니다. 양도소득세 중과세는 1세대 2주택 이상자를 대상으로 합니다.

중과세 적용을 위해 주택 수를 판단할 때는 중과세 대상지역에 포함되는지의 여부가 중요합니다. 이런 지역에 소재한 주택은 가격을 불문하고 모두 중과세 판정을 위한 주택 수에 포함됩니다. 반면 해당 지역에 소재하지 않으면 기준시가가 3억 원을 초과하는 경우만 주택 수에 포함됩니다. 아래 표를 참고하세요.

· 중과세 판정을 위한 주택 수 판단 기준 ·

모든 주택이 주택 수에 포함되는 지역	기준시가 3억 원을 초과하는 주택만 주택 수에 포함되는 지역
서울특별시 광역시(군지역 제외) 경기도, 세종시(읍, 면 지역 제외)	모든 광역시의 군 지역 경기도, 세종시의 읍, 면 지역 기타 모든 도 지역

중과세 적용을 받는 주택에는 아파트와 같은 형태는 물론이고 입주권도 포함됩니다. 즉, 입주권에도 중과세를 적용합니다. 양도소득세

비과세와는 다른 기준을 사용하고 있으니 주의해서 살펴봐야 합니다.

조정대상지역으로 지정될 경우, 투기과열지구에서 적용받지 않던 세제 규제가 추가됩니다. 2023년 12월 현재 정부는 주택시장 경착륙을 막기 위해 규제지역을 추가로 해제하는 등 수요 규제를 대폭 완화했고, 현재 조정대상지역은 서울 강남 3구(강남, 서초, 송파)와 용산구 뿐입니다.

세알못 : 조정대상지역으로 지정되면 뭐가 달라지나요?

택스코디 : 조정대상지역으로 지정되면 주택담보대출비율(LTV)이 9억 원 이하 구간은 50%, 9억 원 초과분은 30%로 제한되는 등 각종 규제를 받게 되고, 주택 구입 시 자금조달계획서를 내고 어떤 돈으로 집을 사는지 밝혀야 합니다.

조정대상지역으로 지정된 지역은 2020년 11월 20일부터 세제 강화(다주택자 양도세 중과·장기보유특별공제 배제, 조정대상지역 내 2주택 이상 보유자 종부세 추가과세 등), 금융규제 강화(LTV(9억 이하 50%, 초과 30%) 적용, 주택 구입 시 실거주 목적 제외 주택담보대출 원칙적 금지 등), 청약규제 강화 등이 적용됩니다.

📄 중과세 판정을 위한 주택의 범위

양도소득세 감면 주택, 상가겸용주택, 다가구주택(중과세 판단 시는 보통 1주택으로 봅니다), 지분 소유 주택(원칙적으로 각각 1주택으로 보고, 동일 세대원이 공동소유한 주택은 1채로 판단합니다), 입주권 (분양권은 2021년 이후부터 포함), 부동산매매사업자의 재고주택, 주택임대사업자의 임대주택 등이 중과세 판정을 위한 주택 범위에 포함됩니다.

또 재건축·재개발 조합원 입주권은 주택 수에 포함되지만 입주권을 양도할 시에는 중과세율이 적용되지 않습니다. 그러므로 입주권을 포함하여 주택 수가 두 채라면, 주택을 먼저 양도했을 때는 중과세가 적용되지만 입주권을 먼저 양도하면 중과세가 아닌 일반과세가 적용됩니다.

세알못 : 서울에 2주택, 경기도 부천에 1주택을 보유하고 있습니다. 부천시 주택은 기준시가가 2억 원입니다. 저는 보유한 주택 수가 어떻게 계산되나요?

택스코디 : 145쪽의 표를 참고하면 서울시와 부천시는 모두 수도권에 포함되는 지역이므로 이런 지역에 소재하는 주택은 가격에 상관없이 모두

주택 수에 포함됩니다. 따라서 중과세 판단을 위한 주택 수는 3채가 됩니다.

세알못 : 울산광역시 울주군에 2주택을 보유하고 있습니다. 기준시가는 각각 2억 원입니다. 저는 주택 수가 어떻게 계산되나요?

택스코디 : 광역시 군지역에 소재한 주택은 기준시가가 3억 원을 초과하는 경우에만 중과세 판정을 위한 주택으로 분류가 됩니다. 따라서 실제 보유한 주택 수는 2채이나, 중과세 적용 대상 주택 수는 0채가 됩니다.

9

September

9월의 세금과 절세법

재산세

집주인이라면 꼭 챙겨야 하는 세금 중 하나가 **재산세**입니다. 그런데 재산세는 매년 6월 1일 기준으로 집을 보유한 사람에게 부과되다 보니, 매매 시기에 따라 하루 차이로 재산세 납세의무가 달라지기도 합니다.

9월에는 주택분 재산세의 1/2, 토지분 재산세, 환경개선 분담금을 납부해야 합니다.

주택의 보유시기별 재산세 납부대상과 그 밖에 재산세와 관련하여 자주 묻는 질문들에 대해 살펴볼까요.

세알못 : 아파트를 6월 2일에 팔았는데, 재산세를 내야 하나요?

택스코디 : 재산세의 납세의무자는 과세기준일(6월 1일) 현재의 소유자입니다. 6월 2일에 매매했다면, 매도인이 납세의무자가 됩니다(이때의 소유자는 잔금 지급일과 등기접수일 중 빠른 날짜를 기준으로 결정합니다).

세알못 : 8월에 집을 팔았는데, 9월에 고지서가 날아왔습니다.

택스코디 : 재산세는 6월 1일 현재 소유자에게 7월과 9월, 2회에 걸쳐 나눠 부과됩니다. 7월에 주택 전체세액의 50%와 건축물에 대한 재산세가 부과되고, 9월에는 주택 전체세액의 나머지 50%와 토지에 대한 재산세가 부과됩니다. 6월 1일에 소유했던 주택의 재산세는 모두 당시의 소유자가 납부해야 합니다.

세알못 : 10월에 집을 팔았는데, 이미 낸 재산세를 환급받을 수 있을까요?

택스코디 : 재산세는 6월 1일 기준 소유자에게 부과하는 것으로, 환급하지 않습니다.

세알못 : 등기가 안 된 무허가 건물도 재산세를 내야 하나요?

택스코디 : 재산세는 사실 현황에 따라 과세하기 때문에 부동산 공부에 등재되어 있지 않더라도 재산세가 부과됩니다. 또한 신축이나 증축 등 건축법을 위반한 건축물을 보유한 경우에는 적발 후 이행강제금까지 물 수 있습니다.

세알못 : 5월에 분양받아 아직 등기도 하지 않은 아파트도 재산세를 내야 하나요?

택스코디 : 공부에 등재되지 않아도 사실 현황에 따라 재산세가 부과됩니다. 취득 시기인 잔금지급일과 등기접수일 중 빠른 날이 6월 1일에 해당하면 그 소유자가 납세의무자가 됩니다.

세알못 : 평수가 같은 아파트 두 채의 재산세가 왜 다른가요?

택스코디 : 주택분 재산세는 매년 4월에 공시되는 개별주택가격 및 공동주택가격에 따라 과세됩니다. 따라서 같은 면적의 주택이라도 주택공시가격에 따라 세액 차이가 발생할 수 있습니다.

세알못 : 부친 사망 후 6월 1일까지 상속등기를 하지 못했습니다. 재산세

납부를 어떻게 해야 할까요?

택스코디 : 상속등기가 이뤄지지 않고, 사실상의 소유자도 신고하지 않은 경우에는 민법상 상속지분이 가장 높은 주상속자가 재산세의 납세의무자가 됩니다. 이때 상속지분이 가장 높은 사람이 2인 이상이면, 그중 연장자가 납세의무자가 됩니다.

세알못 : 재산세 고지서를 다른 주소로 받을 수 없나요?

택스코디 : 부동산이 소재한 해당 지방자치단체에 거소지 변경 신청을 하면 됩니다.

세알못 : 재산세가 너무 많이 나와서 나눠 내고 싶은데, 가능한가요?

택스코디 : 재산세액이 본세(지방교육세 등 제외) 기준 500만 원(7, 9월 각 250만 원) 초과인 경우 납부기한이 지난 날부터 2개월 이내에 분할 납부가 가능합니다.

🗎 줄어드는 1주택자 재산세

2021년부터 2023년까지 한시적으로 주택 실수요자인 1주택자의 재산세 부담을 완화하기 위해 과표 구간별 세율을 0.05%p씩 인하하는 '공시가격 9억 원 이하 1주택자에 대한 재산세 세율 특례'가 3년 더 연장됩니다.

원래 재산세율은 과세표준 6,000만 원 이하 0.1%, 과세표준 1억 5,000만 원 이하 0.15%, 과세표준 3억 원 이하 0.25%, 과세표준 3억 원 초과 0.4%를 적용합니다. 그런데, 재산세 특례 세율 적용으로 공시가격 6억 원 이하 1주택을 보유한 집주인은 특례세율을 통해 과세표준 6,000만 원 이하 0.05%, 과세표준 1억 5,000만 원 이하 0.1%, 과세표준 3억 원 이하 0.2%, 과세표준 4억 500만 원 이하 0.35%로 내려갑니다.

· 1주택자 재산세 특례 세율 ·

과세표준	6,000만 원 이하	1억 5,000만 원 이하	3억 원 이하	3억 6,000만 원 이하
세율	0.05%	0.1%	0.2%	0.35%

특례 세율 적용 전 공시가격 1억 원인 아파트를 예로 들어보면, 공정시장가액비율 60%를 적용해 과세표준을 6,000만 원으로 계산하며, 표준 세율 0.1%를 적용하면 재산세는 6만 원입니다.

그런데 특례 세율 적용 시 1주택자가 똑같은 공시가격 1억 원짜리 아파트를 보유한다면, 과세표준은 6,000만 원으로 동일하며, 특례 세율 0.05%를 적용해 재산세는 3만 원만 내면 됩니다. 기존 재산세액의 50%를 감면받는 셈입니다.

1주택자가 공시가격 2억 5,000만 원인 아파트를 보유하면 특례 세율을 적용하지 않을 때는 과세표준 1억 5,000만 원이면 195,000원의 재산세를 내지만, 특례 세율을 적용하면 120,000원으로 75,000원 감소합니다. 또한, 공시가격 5억 원인 아파트를 보유한 1주택자는 과세표준 3억 원을 적용해 특례 세율 미적용 시 570,000원의 재산세를 내지만, 특례 세율 적용 시 420,000원으로 재산세가 150,000원 줄어들게 됩니다.

그런데 정부가 발표한 공시가격 현실화 방안을 적용하면, 실제 재산세 감면 폭은 적어집니다.

추가로 아파트의 실제 시세가 매년 상승할 경우에는 공시가격 현실화와 맞물리면서 재산세 감면 폭이 더 적어질 수도 있습니다.

이번 세율 인하는 정기국회 지방세법 개정을 통해 2021년부터 2023

년까지 한시적으로 적용할 예정이었지만, 3년 더 연장되었습니다.

2024년 재산세는 국토교통부가 발표하는 1월 1일 기준 공시가격을 토대로 하며, 과세 기준일인 6월 1일 현재 부동산을 보유한 사람에게 부과됩니다.

임대사업자 합산배제 신고

주택임대사업자로 등록해 법적으로 소정 요건을 충족한 경우에는 종합부동산세가 합산배제됩니다. 합산배제된다는 의미는 과세대상에서 제외하겠다는 의미이므로 비과세와 같은 맥락입니다.

주택임대사업자로 등록한 주택을 합산배제 받으려면 합산배제 신청기간(9월 16일~30일)에 주소지 관할 세무서에 별도 신청을 해야 합니다. 그런데 이미 합산배제를 신청했음에도 불구하고 종합부동산세 과세대상에서 제외되지 않고 종합부동산세가 과세되는 경우가 있으니 주의가 필요합니다.

합산배제 신청은 최초 1회에 한해 신청하면 되는데, 그동안 아무 탈 없이 합산배제되었던 임대주택이 특정 연도에 갑자기 과세대상에 합산되어 세액이 산정되는 경우가 발생하고 있으므로, 합산배제 임대주택이 제대로 과세대상에서 제외됐는지 꼭 체크해봐야 합니다.

과세관청에서 발송된 종합부동산세 고지서 오른쪽 하단에 보면 과세대상 물건의 리스트가 기재돼 있습니다. 통상 소유주택이 많은 경우에는 대표 주택 외 몇 건 식으로 표시되는데, 이를 통해 합산배제 신고한 임대주택(요건 충족한 임대주택에 한함)이 과세대상에서 제대로 제외됐는지 확인해볼 수 있습니다.

한편 2020년 7월 11일 이후 임대등록에 대한 세제지원은 배제되었습니다(7월 11일 이후 민간임대주택법 개정에 따라 폐지되는 유형의 임대주택으로 등록하거나, 단기임대주택을 장기로 전환하는 경우 종합부동산세, 양도소득세 등 관련 세제지원 적용이 배제됩니다).

세알못 : 종합부동산세에 합산배제되는 장기임대주택의 의무 임대기간이 늘어났다는데, 의무 임대기간이 몇 년인가요?

택스코디 : 종합부동산세 합산배제 대상 장기임대주택의 의무임대기간은 종전 8년 이상에서 10년 이상으로 연장되었습니다.

세알못 : 지금 아파트를 장기매입임대주택으로 등록하면 종합부동산세 합산배제를 받을 수 있는가요?

택스코디 : 2020년 7월 11일 이후 장기매입임대주택으로 신청한 아파트는 임대사업자 등록 후 10년 이상 임대하더라도 종합부동산세 합산배제를 받지 못합니다.

세알못 : 2020년 7월 11일 이후 단기임대주택을 장기임대주택으로 변경 신고한 경우 종합부동산세 합산배제가 되는가요?

택스코디 : 종합부동산세 합산배제 대상에 해당하지 않습니다.

세알못 : 단기임대주택으로 등록한 오피스텔이 임대의무기간 만료로 구청 임대사업자 등록이 말소되었는데, 다시 장기임대주택으로 등록하면 합산배제를 계속 받을 수 있을까요?

택스코디 : 단기임대주택으로 등록한 아파트가 아닌 오피스텔이 임대의무기간 만료로 구청 임대사업자 등록이 말소된 경우, 다시 장기임대주택으로 등록하면 종합부동산세 합산배제를 계속 적용받을 수 있습니다.

세알못 : 아파트 이외의 주택은 지금이라도 장기매입임대주택으로 등록하면 종합부동산세 합산배제가 되는지요?

택스코디 : 아파트 이외의 주택은 지금이라도 장기매입임대주택으로 등록하면 종합부동산세 합산배제가 가능합니다. 다만, 1세대가 국내에 1주택을 보유한 상태에서 2018년 9월 14일 이후에 새로 취득한 조정대상지역에 소재한 주택은 장기임대주택으로 등록하더라도 종합부동산세 합산배제 대상에서 제외됩니다.

세알못 : 아파트 장기매입임대주택과 단기임대주택을 임대의무기간 내에 임대사업자등록을 신청 말소한 경우, 기존 합산배제로 경감받은 종합부동산세가 추징되나요?

택스코디 : 민간임대주택에 관한 특별법에 따라 임대의무기간 종료일에 임대사업자 등록이 자동 말소되는 아파트 장기임대주택과 단기임대주택을 임대의무기간 내에 임차인의 동의를 받아 임대사업등록 말소한 경우, 기합산배제로 경감받은 종합부동산세는 추징되지 않습니다.

세알못 : 아파트 이외의 장기매입임대주택의 임대사업자 등록을 의무임

대기간 충족 전에 자진 말소하는 경우 기합산배제로 경감받은 종합부동산세가 추징되나요?

택스코디 : 아파트 이외의 장기매입임대주택은 종료일에 임대사업자 등록이 자동 말소되는 유형이 아니므로 의무임대기간(8년 또는 10년 이상) 충족 전에 임대사업자 등록을 자진 말소하는 경우 기합산배제로 경감받은 종합부동산세가 추징됩니다.

세알못 : 아파트 장기매입임대주택과 단기임대주택은 기존 합산배제로 경감받은 종합부동산세를 추징당하지 않으려면 임대의무기간의 1/2 이상을 임대한 후에 임대사업자 등록을 신청 말소해야 하는지요?

택스코디 : 임대의무기간 종료일에 임대사업자 등록이 말소되는 유형인 아파트 장기매입임대주택과 단기민간임대주택은 임대의무기간의 1/2 이상을 임대하기 전에 임대사업자 등록을 신청 말소하는 경우에도 기합산배제로 경감받은 종합부동산세가 추징되지 않습니다.

세알못 : 종합부동산세 합산배제된 임대주택이 도시 및 주거환경정비법에 따라 아파트로 재개발·재건축되어 재개발·재건축 후 임대사업자등록

이 불가능한 경우 기합산배제로 경감받은 종합부동산세가 추징되는지요?

택스코디 : 합산배제 임대주택에 해당하여 종합부동산세를 경감받은 임대주택이 도시 및 주거환경정비법 등에 따른 재개발·(소규모) 재건축·리모델링으로 인해 신규 취득한 주택이 아파트라서 임대사업자 등록이 불가능한 경우, 이미 경감받은 종합부동산세는 추징되지 않습니다.

10
October

10월의 세금과 절세법

사업자 부가가치세 예정고지

매년 10월에는 **부가가치세 예정고지 납부**가 있습니다. 부가가치세 예정고지는 개인사업자의 부가가치세 납부 부담과 국가의 세수 확보의 안정성을 고려하여 양자 간의 부담을 줄이기 위해서 개인사업장의 별도의 예정신고 없이 7월 납부한 부가세의 50%에 해당하는 금액을 미리 고지받아 납부하는 제도입니다.

신고는 하지 않고 납부만 하면 되기에 예정고지 납부라고 합니다. 고지되는 금액은 아래와 같습니다.

* 부가가치세 예정고지(10월) : 7월 부가가치세 신고 금액의 50%

예를 들면, 7월에 부가가치세를 60만 원 납부했다면 10월 25일까지 예정고지 30만 원을 납부해야 합니다.

이러한 부가가치세 예정고지 제도로 납부한 예정고지세액은 다음 부가가치세 확정신고(1월) 때 기납부세액으로 처리되어 공제됩니다.

개인사업자에게는 부가가치세 예정고지와 미리 납부하는 것이 원칙적으로 규정되어 있어 예정고지세액을 납부하지 않으면 가산금이 부과됩니다. 만일 납부기한이 경과한 후 1개월 이내에 납부하면 세액의 3%만큼 가산금이 부과되며, 확정신고기한까지 납부하지 않으면 추가로 세액의 1.2%만큼 중가산금이 부과됩니다.

📑 부가가치세 예정신고를 하면 유리한 경우

최초 설비 투자로 환급이 예상될 경우에는 꼭 예정신고(조기환급)를 하면 좋습니다. 조기환급신고를 하면 관할 세무서에서 사실 확인 후 신고기한이 경과한 날부터 15일 이내에 사업자에게 환급합니다.

또 휴업 또는 사업부진 등으로 예정신고기간(7~9월)의 공급가액이 직전과세기간(1~6월) 공급가액의 1/3에 미달하거나, 이번 예정신고기간의 납부세액이 직전 과세기간 총 납부세액의 1/3에 미달하는 사업자도 예정신고를 하는 것이 유리합니다.

9월에 일반과세로 사업자등록을 한 최 사장님은 설비투자로 1억 3,200만 원(매입세액 1,200만 원)을 지출하였습니다.

9월은 매출 0원이라 가정하고, 10~12월 매출이 월평균 4,400만 원씩 1억 3,200만 원(매출세액 1,200만 원)이 발생했다고 가정하여 조기환급신고가 왜 필요한지 살펴볼까요? (계산의 편리를 위하여 일반매입은 생략하였습니다.)

▶ 7~9월 예정신고(조기환급)를 하고, 10~12월까지 매출이 1억 3,200만 원인 경우

7~9월 : 매출세액 0원, 매입세액 1,200만 원, 따라서 환급세액은 1,200만 원이 됩니다.

10~12월 : 매출세액 1,200만 원, 매입세액 0원, 신용카드세액공제 -1,716,000원(132,000,000 × 1.3%), 따라서 납부세액은 10,284,000원이 됩니다. 정리하면 7~12월까지 총 납부한 부가세는 -1,716,000원으로 계산되어 해당 금액을 환급받을 수 있습니다. (환급 발생)

▶7~9월 예정신고를 하지 않고 10~12월까지 매출이 1억 3,200만 원인 경우

7~12월 : 매출세액 1,200만 원, 매입세액 1,200만 원, 따라서 납부세액은 0원입니다. (환급 미발생)

신용카드 세액공제는 납부세액이 발생할 경우만 공제가 가능합니다.

똑같은 상황임에도 예정신고(조기환급)를 하는지, 안 하는지에 따라 환급이 발생하지 않을 수도 있습니다.

최초 설비 투자로 환급이 예상될 경우에는 꼭 예정신고(조기환급)를 해야 합니다. 조기환급신고를 하면 관할 세무서에서 사실 확인 후 신고기한이 경과한 날부터 15일 이내에 사업자에게 환급합니다.

📄 징수유예제도

세무조사를 받거나 세무서에서 세금을 내라고 발부한 납세 고지분인 경우에는 **징수유예**라는 제도를 통해서 납부 연기가 가능합니다. 납부기한 3일 전까지 관할 세무서에 징수유예신청서를 제출하면 납부를 연기할 수 있습니다.

초보 사장님 : 징수유예 사유에는 어떤 게 있나요?

택스코디 : 다음과 같은 경우에 징수유예를 신청하여 세금 납부를 연기할 수 있습니다.

- 재해 또는 도난으로 재산에 심한 손실을 본 경우
- 사업에 현저한 손실을 본 경우
- 사업이 중대한 위기에 처한 경우
- 납세자 또는 그 동거가족의 질병이나 중상해로 장기치료가 필요한 경우

징수유예 기간은 유예한 날의 다음 달부터 최대 9개월까지입니다.

신청서를 제출하면 관할 세무서의 확인과 검토를 거친 후 납부기한이 연장됩니다. 그러나 때로는 징수유예가 거부되거나 본인이 원하는 기간보다 연장 기간이 줄어서 승인이 나기도 하며, 심지어는 취소되는 경우도 있으니 유의해야 합니다.

11
November

11월의 세금과 절세법

종합소득세 중간예납

사업주라면 세금 일정을 명확하게 알고 있어야 합니다. 그런데도 내가 세금을 언제 신고하고 내야 하는지 제대로 모르는 경우가 태반입니다. 종합소득세를 5월에 한 번, 부가가치세를 1월과 7월에 두 번 내는 정도만 알고 있는 것이 보통이지만, 이조차도 모르는 경우가 더 많습니다. 하지만 지금까지 살펴본 것처럼 실제로는 그것이 전부가 아닙니다.

복습하는 차원에서 다시 한번 정리해보면, 간이과세자가 아닌 이상 부가가치세만 1년에 네 번을 냅니다. 법인만 4회 내는 것으로 알고 있지만, 개인사업자들도 두 번의 신고·납부기간 사이에 국세청에서 고지하는 게 두 번 더 있습니다.

　기본적으로 1월에 전년도 하반기(7~12월) 매출에 대한 부가가치세를 신고·납부하고, 7월에 상반기(1~6월) 매출에 대한 부가가치세를 신고·납부해야 합니다. 그 사이 4월과 10월에 국세청에서 또 고지가 날아옵니다. 4월에는 1월에 낸 것의 절반, 10월에는 7월에 낸 것의 절반을 내라고 고지가 오는 것이지요.

　이는 작년 하반기에 1,000만 원의 부가가치세를 낸 사업자는 다음 과세기간인 올해 상반기에도 1,000만 원은 낼 거라고 국세청에서 가정을 하는 것입니다. 그런데 1,000만 원을 한 번에 내면 부담될 테니 절반만 우선 먼저 내라는 고지입니다.

　이렇게 예정고지는 납세자 세금부담을 분산시켜주기 위한 배려이지만, 준비되지 않은 납세자들에게는 부담이 될 수도 있습니다. 특히 사업 초기에는 4월과 10월에 예정고지를 받고 당황하는 경우가 많습니다. 국세청에서 사업자 휴대전화로 문자로 고지를 안내하고 있는데, 문자를 보고는 그제야 세무사 사무실에 문의를 하는 경우가 많습니다.

　종합소득세도 보통은 5월만 생각하지만, 11월에 중간예납이 있습니다. 5월에 냈던 것의 절반을 국세청이 고지합니다. 이렇게 부가가치세와 종합소득세를 종합해서 보면 1월, 4월, 5월, 7월, 10월, 11월까지 모두 여섯 번이나 세금을 내야 합니다.

사업자 입장에선 자금이 좀 모일 만하면 세금을 내야 하는 상황이 되기 때문에 세금을 내기 위한 별도의 유동자금을 모아두지 않으면 세금을 체납하게 되는 상황도 올 수 있습니다.

업종별로는 도소매업종 같은 경우 원가 규모가 있으니까 원가 비율을 빼면 충격이 크지 않지만, 서비스업의 경우 부가가치세 낼 돈을 따로 저축해두어야만 나중에 세금을 낼 여력이 생깁니다.

초보 사장님 : 종합소득세 중간예납 고지를 받았는데, 사업 부진으로 작년에 비해 매출이 반 이상 줄었습니다. 중간예납 고지세액이 1,000만 원도 넘게 나왔는데, 어떻게 해야 하나요?

택스코디 : 종합소득세 중간예납은 중간예납기준액(5월에 납부한 종합소득세)의 1/2에 상당하는 금액을 중간예납세액으로 하여 11월 1일부터 15일 사이에 고지합니다. 그런데 사장님처럼 전년도에 비해 사업부진 등의 사유로 중간예납기간(1월 1일~6월 30일)의 종합소득금액에 대한 소득세액, 즉 중간예납추계액이 중간예납기준액의 30%에 미달하는 경우에는 중간예납추계액을 중간예납세액으로 하여 관할 세무서장에게 신고할 수 있습니다.

중간예납추계액을 신고하기 위해서는 중간예납기간분에 대한 소득금액을 계산해야 하는데, 소득금액은 장부를 근거로 계산합니다.

중간예납추계액 신고는 11월 1일부터 11월 30일까지의 기간 내에 해야 합니다. 신고할 때는 산출 근거를 기재한 서류를 첨부해야 합니다.

중간예납추계액 신고를 하면 고지된 중간예납세액은 없었던 것으로 합니다. 그러므로 사업 실적이 부진한 경우에는 중간예납추계액 신고를 하는 것이 좋습니다.

12
December

12월의 세금과 절세법

종합부동산세

종합부동산세는 매년 12월에 국세청에서 고지서가 날아오면 납부하는 세금입니다. 국세청이 계산해준 그대로 내기만 해도 되겠지만, 그전에 내가 낼 세금이 제대로 고지됐는지를 한 번쯤 확인하는 것도 필요합니다. 국세청 안내문에도 있듯이 국세청도 사실과 다르게 고지할 수 있고, 그런 경우 고지서와 관계 없이 납부기한 내에 납세자 스스로 신고·납부할 수 있기 때문입니다.

고지된 세금이 제대로 된 것인지 확인하기 위해서는 종합부동산세의 계산원리를 이해하는 것이 우선입니다.

종합부동산세는 재산세와 마찬가지로 6월 1일 현재 과세대상 부동산을 보유한 사람이 납세의무자이지만, 일정 공시가격을 초과한 부분에 대해서만 세금을 부담한다는 점에서 재산세와 차이가 있습니다.

주택을 기준으로 보면 인별로 보유한 주택을 합산해서 공시가격 9억 원 초과(1세대 1주택자는 12억 원)분이 종합부동산세 과세대상입니다. 예를 들어 1세대 1주택인 주택의 공시가격이 13억 원이면 12억 원을 제외한 1억 원이 종합부동산세 계산의 출발점이 됩니다.

이 공시가격 초과분에 다시 공시가격을 반영하는 비율인 공정시장가액비율을 곱하면 세액을 계산하는 기준이 되는 과세표준이 나옵니다. 공정시장가액비율은 정부가 시행령을 통해 60~100% 사이에서 조정할 수 있는데, 이 비율이 커질수록 세금 부담이 많아지는 구조입니다. 2019년 85%, 2020년 90%, 2021년 95%, 이런 식으로 매년 올랐다가 2022년부터 2023년 현재까지 법률이 위임한 하한선인 60%까지 내려왔습니다.

공정시장가액비율이 반영된 공시가격에 종합부동산세율을 곱하면 1차적으로 종합부동산세액이 계산됩니다.

주택의 종합부동산세율은 과표 구간별로 0.5~2.7%가 기본세율이고, 3주택 이상(과세표준 12억 원 초과)은 구간별로 0.5~5.0%의 높은 세율이 적용됩니다.

과세표준에 세율을 곱하면 종합부동산세액이 계산되지만, 이것이 끝은 아닙니다. 종합부동산세는 재산세 과세대상에서 추가로 걷기 때문에 이미 낸 재산세만큼은 빼주는 단계를 거칩니다.

앞선 1세대 1주택 사례의 경우 공시가격 13억 원에 대해 재산세를 냈고, 13억 원을 뺀 1억 원에 대해서는 종합부동산세를 내기 때문에 1억 원에 대해서는 주택의 보유세를 중복해서 낸 것이 됩니다. 따라서 이미 납부한 재산세액 중 종합부동산세 과표인 1억 원에 해당하는 부분은 빼야 정상적인 종합부동산세액이 산출됩니다.

또한 1세대 1주택자인 경우에는 1세대 1주택자에게만 적용되는 세액공제도 추가로 적용해줘야 합니다.

한편 종합부동산세는 1세대 1주택자가 5년 이상 주택을 보유한 경우 20%, 10년 이상 보유하면 40% 세액공제하는데, 2020년부터는 15년 이상 보유 시 50%를 공제하는 구간이 추가됐으니 장기 보유자들은 참고해야 합니다.

또 1세대 1주택인 납세자가 60세 이상인 경우 20%, 65세 이상은 30%, 70세 이상은 40%를 고령자 세액공제로 빼줍니다.

단, 장기보유공제와 고령자 공제를 합해서 세액공제가 80%를 넘을 수는 없습니다.

· 종합부동산세 과세기준과 세율 ·

과세표준	일반 2주택 이하		조정대상지역 2주택		3주택 이상	
	2022년	2023년	2022년	2023년	2022년	2023년
3억 원 이하	0.6	0.5	1.2	0.5	1.2	0.5
6억 원 이하	0.8	0.7	1.6	0.7	1.6	0.7
12억 원 이하	1.2	1.0	2.2	1.0	2.2	1.0
25억 원 이하	1.6	1.3	3.6	1.3	3.6	2.0
50억 원 이하	1.6	1.5	3.6	1.5	3.6	3.0
94억 원 이하	2.2	2.0	5.0	2.0	5.0	4.0
94억 원 초과	3.0	2.7	6.0	2.7	6.0	5.0

📄 종합부동산세 분납 신청

종합부동산세의 부과 및 징수방법은 원칙적으로 관할 세무서장이 납부해야 할 종합부동산세의 세액을 결정하여 당해 연도 12월 1일부터 12월 15일(납부기간)까지 부과·징수합니다.

관할 세무서장은 납세고지서에 주택 및 토지로 구분한 과세표준과 세액을 기재하여 납부기간 개시 5일 전까지 발부하여야 합니다.

세알못 : 종합부동산세도 분납이 가능한가요?

택스코디 : 아래와 같습니다.

① 종합부동산세 분납 요건

관할 세무서장은 종합부동산세로 납부해야 할 세액이 250만 원을 초과하는 경우에는 그 세액의 일부를 납부기한이 경과한 날부터 6개월 이내에 분납하도록 할 수 있습니다.

② 분납 가능 세액

- 납부세액이 250만 원 초과 500만 원 이하인 경우: 250만 원 초과 금액 분납 신청
- 납부세액이 500만 원을 초과한 경우: 50/100 이하의 금액 분납 신청

③ 종합부동산세 분납 신청

- 납세고지서를 받은 자가 분납하려는 때에는 종합부동산세의 납부기한 이내에 기획재정부령으로 정하는 신청서를 관할 세무서장에게 제출하여야 한다.
- 관할 세무서장은 분납 신청을 받은 때에는 이미 고지한 납세고지서를 납부기한 내에 납부하여야 할 세액에 대한 납세고지서와 분납기

간 내에 납부하여야 할 세액에 대한 납세고지서로 구분하여 수정
고지하여야 한다.

④ 물납 신청의 폐지(삭제)

종합부동산세로 납부하여야 할 세액이 1,000만 원을 초과하는 경우
에 물납 허가 및 신청제도는 폐지되었습니다.

📑 종합부동산세의 계산 구조

종합부동산세도 재산세와 마찬가지로 주택의 공시가격을 기초로
산출됩니다. 약간의 계산식만 이해하면 세금을 직접 계산할 수도 있
습니다. 고지서가 날아오기 전 미리 세액을 계산해놓으면 납부할 세
액을 준비하기가 쉽고, 가계의 현금흐름도 예측 가능성이 높아집니다.
부동산 정책으로 인해 집을 계속 보유해야 할지, 아니면 팔아야 할지
등을 고민한다면 반드시 계산해보고 결정하는 것이 좋습니다.

종합부동산세는 재산세 과세 대상 중에서도 고가주택을 보유한 경
우에만 부담하는 세금('부자세'라고도 불립니다)입니다. 특히 보유주택

이 여러 채라도 각각의 주택별로 세금이 계산되는 재산세와 달리 개인별로 보유주택의 공시가격을 합산해 세금을 계산하는 것이 특징입니다.

공시가격 합계가 9억 원을 초과하는 경우부터 종합부동산세 과세대상이 됩니다(1세대 1주택자인 경우에는 12억 원을 초과하는 경우부터 과세됩니다).

예를 들어 1세대 1주택인 사람의 주택 공시가격이 13억 원이면 12억 원을 제외한 1억 원이 종합부동산세 계산의 출발점이 됩니다. 하지만 다주택자라면 보유주택 공시가격의 합계가 10억 원인 경우 9억 원을 초과하는 1억 원으로 계산을 시작합니다.

종합부동산세도 과세표준을 계산할 때 공정시장가액비율을 곱하는데, 그 비율이 재산세(60%)보다 더 높습니다. 2019년에는 85%였지만 2020년에는 90%로 올랐고 2021년에는 95%, 이런 식으로 매년 올랐다가 2022년부터 2023년 현재까지 법률이 위임한 하한선인 60%까지 내려왔습니다.

일단 2023년은 공시가격 합계액 중 9억 원(1세대 1주택 12억 원) 초과액에 60%를 곱하면 종합부동산세 과세표준이 산출됩니다. 여기에 세율을 곱하면 종합부동산세가 산출되는데, 세율이 과표구간별로 복잡하게 세분화되어 있습니다(종합부동산세가 고가의 다주택자에 대한 규제성 세금이다 보니 주택의 가격이 높을수록, 보유주택 수가 많을수록 높은 세율이 적용됩니다).

우선 1세대 1주택자나 2주택자인 경우 과표구간별로 0.5~2.7%의 세율이 적용됩니다. 하지만, 3주택 이상(과세표준 12억 원 초과)은 구간별로 0.5~5.0%의 높은 세율이 적용됩니다.

이렇게 과세표준에 맞는 세율을 곱하면 종합부동산세액이 계산되지만 정확한 계산은 아직 끝나지 않았습니다. 종합부동산세는 재산세 과세 대상에서 추가로 더 걷는 보유세이기 때문에 해당 주택에서 이미 낸 재산세만큼은 빼주는 단계를 거칩니다.

가령 공시가격 13억 원인 1세대 1주택자인 경우 13억 원 만큼에 대해 재산세를 내면서 동시에 12억 원을 초과한 1억 원에 대해서는 종합부동산세도 내게 됩니다. 따라서 이 경우 이미 납부한 재산세 중 종합부동산세 과표가 되는 1억 원 만큼에 해당하는 부분은 빼주는 절차를 거치는 것입니다.

1세대 1주택인 종합부동산세 납세자에게는 추가적인 세제지원도 있습니다. 장기보유공제와 고령자공제입니다. 장기보유공제는 종합부동산세 과세대상인 1세대 1주택자가 5년 이상 보유하면 20%, 10년 이상은 40%를 세액공제하며, 15년 이상의 경우 세액의 50%를 공제하는 혜택입니다.

또 1세대 1주택인 종합부동산세 납세자가 60세 이상인 경우 20%, 65세 이상 30%, 70세 이상 40%를 고령자 세액공제로 빼줍니다. 다만, 장기보유공제와 고령자공제를 합해서 세액공제가 80%를 넘을 수는 없도록 공제 상한이 있습니다.

13

부록

13월의 세금과 절세법

매월 챙겨야 할 세금 관련 신고

📋 원천세 신고 및 납부

직원이 있는 개인사업자는 매월 10일까지 직원에게 지급한 근로소득과 사업소득 등에 대해서 원천세를 신고·납부해야 합니다.

원천세는 소득을 지급할 때, 지급하는 사람에게 일정 금액을 미리 떼어내어 세금으로 납부하는 제도입니다.

직원으로서 급여를 받을 때도, 프리랜서로 일하고 대가를 받을 때도, 심지어 하루 일당이 15만 원이 넘는 일용직이라면 해당 소득에 대해 원천징수할 세금이 발생합니다. 원천세의 경우 미신고 시 가산세가 3% 발생되기 때문에 주의해야 합니다.

초보 사장님 : 원천징수란 무엇인가요?

택스코디 : 원천징수란 사업자 등이 소득을 지급할 때 소득자를 대신하여 미리 일정 금액을 국가에 신고, 납부하는 것입니다.

사업자는 원천징수 대상 소득을 세무서에 신고해야 비용으로 인정받을 수 있습니다.

* 신고·납부기한

원천세는 매월 지급한 소득에 대해 다음 달 10일까지 신고 및 납부를 해야 합니다. 근로자 수가 평균 인원 20인 이하의 사업장에서는 반기납부 신청이 가능합니다. 반기납부를 하는 경우에는 상반기(1~6월)가 종료된 후 다음 달인 7월 10일까지, 하반기(7~12월)가 종료된 후 다음 달인 1월 10일까지 원천징수 이행상황 신고를 하고 납부하면 됩니다.

상용근로자 즉, 직원에게 소득을 지급하거나 원천징수 의무자의 경우 지급명세서를 꼭 제출해야 합니다. 매년 1월과 7월에 직원들에게 주었던 급여에 대한 간이지급명세서를 신고해야 합니다.

또 2021년 7월부터 일용근로소득 지급명세서 제출기한은 3개월씩 분기별 제출에서 매월 제출로, 사업소득에 대한 간이지급명세서는 6개월씩 반기별 제출에서 매월 제출로 변경되었고, 이자소득, 배당소득,

연금소득, 기타소득에 대해서는 다음 해 2월 말일까지 지급명세서를 제출해야 합니다. 이때 원천징수 이행상황신고서와 지급명세서의 내용이 일치해야 합니다.

초보 사장님 : 사업자등록이 되어 있지 않은 보험모집인이 개인적으로 고용한 사람에게 근로소득을 지급한 경우에도 원천징수를 해야 하나요?

택스코디 : 사업자등록이 없는 개인이더라도 원천세 신고와 납부가 가능합니다. 보험모집인 같은 프리랜서의 경우에는 사업자등록번호가 없으므로 신고 또는 납부를 할 때에는 원천징수의무자의 사업자등록번호란에 주민등록번호를 기재하면 됩니다. 원천세를 신고하였으므로, 당연히 경비처리도 가능합니다.

초보 사장님 : 가족사업장입니다. 가족도 직원 등록이 가능한가요?

택스코디 : 가족에게 급여를 주고 함께 일하는 가족사업도 많죠. 가족이라고 해서 급여(인건비)를 인정해주지 않는 것은 아닙니다. 다만 사회통념상 동일 업종, 동일 업무에 비해 과도하게 많은 급여가 지급되고 있다거나 하면 인건비로 인정되지 않을 수도 있습니다. 업무성격상 고급인력이

아닌데 월 1,000만 원씩 지급된다거나 하면 의심을 사기에 충분하죠. 실제로 소득세 부담을 줄이려고 일하지 않는 가족에게 급여를 지급하는 경우도 있습니다.

가족 인건비도 비용으로 인정받기 위해서는 실제 지출내역이 입증돼야 합니다. 또한 4대 보험 가입뿐만 아니라, 소득세도 원천징수하고 신고해야 하며 지급명세서도 국세청에 제출해야 합니다.

개인사업자 대표 본인의 급여는 비용처리가 불가능하지만, 사회보험료는 비용처리가 가능합니다. 신고 때 가끔 누락되는 경우가 있으니 주의해야 합니다. 국민연금과 건강보험은 직전연도 소득금액이 납부액을 계산하는 지표가 된다는 것도 참고하면 좋습니다. 작년에 소득이 많이 늘었으면 올해 4대 보험 부담이 늘 것이라는 예측이 가능합니다.

📄 4대 보험 신고 및 납부

매월 고지되는 4대 보험료 납부도 10일까지입니다.

2023년에는 건강보험료율이 6.69% → 7.09%, 장기요양보험료가 12.27% → 12.81%로 인상되었습니다.

초보 사장님 : 4대 보험 가입은 어떻게 하는 건가요?

택스코디 : 직원을 채용한 후 4대 보험에 가입하기 위해서는 우선 사업장에 대한 신고를 하고, 이후 각 개인별로 자격취득 신고를 해야 합니다.

사업장 신고서는 법령정보시스템(law.co.kr)에서 '국민연금법 시행규칙'을 검색 후 '별지 제3호 서식'을 다운받아 작성한 후 국민연금공단, 건강보험공단, 고용보험관리공단, 산재보험관리공단 중 한 곳의 해당 지점에 우편 또는 팩스로 신고하면 4대 보험을 일괄 신고할 수 있습니다. 이후 근로자는 각 관청별로 아래와 같은 기간 내에 신고해야 합니다.

- 건강보험, 고용보험, 산재보험 - 입사일로부터 14일 이내
- 국민연금 - 입사한 달의 다음 달 15일까지

직원에게 급여를 지급하고 직원 등록을 해야 하는 경우에는 세무서와 공단 모두에 신고해야 합니다.

사업주가 직원 등록을 하는 이유는 인건비를 필요경비로 처리하기 위해서입니다. 단순히 인건비를 처리하기 위한 목적이라면 세무서에 원천세 신고만 해도 필요경비 처리는 가능합니다.

초보 사장님 : 그러면 공단에 4대 보험 가입을 하지 않아도 필요경비 처리는 가능한가요?

택스코디 : 이론상으로는 가능합니다. 그러나 국세청의 전산과 공단 전산은 연동되므로 드러나게 됩니다. 따라서 3년간 원천세 신고만 했다면, 추후에 3년간의 4대 보험 누락 금액이 한꺼번에 추징을 당하게 됩니다. 국민건강보험공단에서 3년에 한 번씩 사업장 지도 점검을 나올 때 많이 적발되기도 합니다. 직원들의 4대 보험 금액을 몇 년치씩 누락, 미납하여 결국 사업주의 재산이 압류당하는 경우를 종종 보곤 합니다. 따라서 세무서와 관리공단 모두에 직원을 등록하고 신고해야 합니다.

일용직 근로자 세금 관련 신고

🗎 일용직 근로자 지급명세서 제출

사업을 하는 분들이 가장 부담스러워하는 부분 중 하나가 바로 인건비입니다. 당장의 부족한 일손 때문에 덜컥 사람을 뽑았다가 수익이 악화되어 월급도 못 주는 악덕 사업주가 되는 사례들도 적지 않습니다. 결국 이런저런 이유로 많은 사업자들이 일용직으로 직원들을 채용하고 있습니다. 이른바 아르바이트나 파트타이머라고 불리는 일자리입니다.

일용직으로 직원을 채용했다고 해서 사업주의 고민이 시원하게 해결되는 것은 아닙니다. 일용직 근로자에게도 세금과 4대 보험 등을 챙겨야 하기 때문입니다.

초보 사장님 : 일용직 근로자를 채용한 사업자들이 알아야 할 세금 문제
는 어떤 게 있나요?

택스코디 : 보통은 파트타임으로 일하거나 일당을 받는 경우를 일용직이
라고 부르지만, 세법에서는 그 일하는 기간과 급여를 받는 방식을 명확하
게 지정하고 있습니다.

우선은 근로계약에 따라 동일한 고용주에게 3개월(건설업은 1년) 이상 계
속 고용돼 있지 않은 경우에 일용직으로 구분이 됩니다. 급여를 받을 때
시간에 따라 근로 대가를 계산하거나 근로제공일 단위로 급여를 받아야
만 일용직입니다.

정리하면, 일용직이란 3개월 미만의 단기로 고용돼 있으면서 시급이나
일당으로 급여를 받는 근로자입니다.

그런데 법적으로 일용직 근로자를 구분하는 기준이 또 있습니다. 국민연
금법에서는 한 달에 8일 미만으로 근로하거나 월 60시간 미만으로 근로
를 제공한 경우를 일용직으로 봅니다(이 기준을 넘으면 일용직이 아닌 상용직
근로자로 봅니다).

월 8일이나 60시간은 세법상의 기준인 3개월과는 상당한 차이가 있습니

다. 이 때문에 사업자들이 곤란을 겪는 사례가 많다는 것이 문제입니다. 예를 들어 한두 달 단기로 아르바이트를 채용하는 경우만 하더라도 8일이나 60시간이라는 기준을 훌쩍 넘기 때문에 국민연금과 건강보험에 가입해야 하는 문제가 생깁니다. 세법상으로는 일용직인데 국민연금법 기준에서는 상용직인 상황이 되는 것입니다.

이때 세법상의 기준만 생각하고 국민연금이나 건강보험에 대해 신고 없이 지내다가는 사업주가 근로자의 보험료까지 부담하게 됩니다. 국민연금공단은 상용근로자임이 확인되는 즉시 사업주에게 보험료를 직권으로 부과해버리기 때문입니다.

이런 경우 실무적으로 처음부터 월 8일 이내, 60시간 이내로 일할 사람을 채용하는 것도 방법입니다. 만약 이 기준을 초과해서 근무하는 경우에는 4대 보험 신고를 철저히 하고, 사업주가 근로자 본인에게 사전에 잘 설명을 해두는 게 좋습니다.

4대 보험료는 사업자들도 절반을 부담하지만, 나머지 절반을 근로자 본인이 부담하기 때문에 근로자 본인이 4대 보험 가입을 꺼리는 경우도 종종 있습니다. 사업주는 4대 보험 가입을 단순히 부담으로만 보지 말고, 근로자 개인의 신용도가 올라가는 등 경제활동에 도움이 되는 부분이라는 점을 충분히 설명해주고 가입하는 것이 좋습니다. 그런 설명 없이 갑작스럽게 보험료 부담이 생기면 근로자가 퇴사하는 일도 생길 수 있기 때문입니다.

초보 사장님 : 일용직의 세금은 어떻게 계산하나요?

택스코디 : 일반적인 상용직 근로자는 월 단위의 급여에서 간이세액표에 따라 소득세를 원천징수한 다음 연말정산에서 그동안 낸 세금을 정산합니다.

그런데 일용직 근로자는 일급, 일당별(시급인 경우 일급으로 환산)로 분리과세됩니다. 일당 10만 원씩을 받고 30일을 일했더라도 300만 원을 합산해서 소득세를 떼지 않고 매번 10만 원 당 세금을 계산하는 것입니다. 분리과세만으로 납세의무가 종결되기 때문에 연말정산 같은 절차도 없습니다.

2019년부터는 일용직 근로소득공제 기준이 10만 원에서 15만 원으로 상향조정되었습니다. 소득공제 15만 원과 근로로득세액공제(55%), 1,000원 이하 소액세금의 과세 최저한을 적용(납부의무 없음)하면 현재 기준으로 일당 187,000원까지는 세금이 없다는 계산이 나옵니다. 근로일수에 따른 합산금액이 크더라도 각각의 일당이 187,000원이 안 되면 세금이 없는 것입니다.

사업주 입장에서는 일용직 근로자에 대한 소득세 원천징수를 철저히 하고 국세청에 지급명세를 제때 잘 제출하는 것이 가장 중요합니다.

일용직의 경우에도 세금 계산은 일당 단위로 하지만 원천세 신고는 월 단위로 모아서 소득지급 총액과 소득세 총액을 신고합니다. 그리고 매월 일용직 지급명세서를 국세청에 제출합니다.

원천세는 잘못 신고하면 가산세가 없지만, 지급명세서를 제출하지 않거나 내용을 틀리게 제출하면 가산세가 부과됩니다. 잘못된 지급총액의 0.25%를 가산세로 징수하는데, 급여를 잘못 지급했다가 나중에 수정하더라도 가산세가 징수되므로 처음부터 틀리지 않도록 주의해야 합니다.

사업자가 아르바이트생 등에게 직접 현금으로 일당을 지급하는 경우도 있는데, 웬만하면 계좌이체를 하는 것이 좋습니다. 일용직이나 상용직의 구분 없이 급여는 계좌이체로 흔적을 남기는 것이 좋습니다.

실제로 계좌이체 등 급여를 받았다는 흔적이나 지급 근거가 없어서 가산세를 맞는 등 문제가 되는 경우가 있습니다. 계좌이체뿐만 아니라 근로자의 신분증 사본을 반드시 받아둬야 합니다. 노무비 명세서를 보관하거나 어떤 형태로든(정해진 양식 없음) 근로대장, 지급대장 등을 적어서 관리하는 것이 좋습니다.

한편 일용직 근로자도 근로기준법상 근로자이기 때문에 사업주에게 지켜야 할 의무들이 생긴다는 점을 알아야 합니다. 주 15시간 이상 일할 경우에는 주휴수당을 계산해서 지급해야 하고, 최저시급(2024년 기준 9,860원) 이상을 지켜서 보수를 지급해야 합니다. 또한 3개월 이상 일한 근로자를 해고할 때에는 해고예고수당을 줘야 하고, 일 4시간 이상 근무 시에는 30분의 휴게시간을 줘야 하는 등 근로기준법상 근로자의 권리를 반드시 챙겨줘야 합니다.

반기별로 챙겨야 할 세금 관련 신고

📄 원천세 반기납부신청

원천징수 대상이 되는 소득이나 수입금액을 지급할 때 이를 지급하는 자를 원천징수의무자라고 합니다.

원천징수의 대상이 되는 소득에는 근로소득(급여, 상여금 등), 이자/배당소득, 퇴직소득, 연금소득, 기타소득(상금, 강연료 등의 일시적 성질의 소득), 사업소득(프리랜서의 인적용역 소득), 공급가액의 20%를 초과하는 봉사료 등이 모두 포함됩니다.

원천세를 납부할 때는 원천징수세액의 10%를 지방소득세 소득분으로 함께 원천징수하여 납부해야 합니다.

초보 사장님 : 매월 지급한 소득에 대해 다음 달 10일까지 원천세 신고 및 납부를 해야 한다고 알고 있습니다. 원천세 반기납부는 무엇인가요?

택스코디 : 근로자 수가 평균 인원 20인 이하의 사업장에서는 반기납부 신청이 가능합니다. 반기납부 신청을 한 경우에는 상반기(1~6월)가 종료된 후 다음 달인 7월 10일까지, 하반기(7~12월)가 종료된 후 다음 달인 1월 10일까지 원천징수 이행상황신고를 하고 납부하면 됩니다. 반기납부신청은 12월 31일까지입니다.

🗋 근로소득 간이지급명세서 제출

상용근로자 또는 프리랜서를 고용하고 근로소득 또는 사업소득을 원천징수하고 나면 지급명세서를 제출해야 합니다.

종전에는 1~12월의 근로소득, 사업소득 지급명세서를 연 1회 제출하였지만 2019년부터는 근로장려금 반기지급제도가 시행되어 연 2회 제출해야 합니다.

1~6월의 근로소득·사업소득 지급명세서는 7월 10일까지 제출해야

하고, 7~12월 사이의 근로소득·사업소득 지급명세서는 1월 10일까지 제출해야 합니다. 제출 기간을 넘기면 1%의 가산세가 부과됩니다(제출 기한이 지난 후 3개월 이내에 제출하면 0.5%의 가산세가 부과됩니다).

지급명세서에는 인적사항, 근무기간, 지급금액 등을 기재합니다.

· 개인사업자의 세금신고 종류 및 신고기간 ·

종류	과세기간	신고기간	비고
부가가치세	일반과세자 1/1~6/30, 7/1~12/31 간이과세자 1/1~12/31	일반과세자 7/25, 다음 해 1/25 간이과세자 다음 해 1/25	신고불성실, 납부불성실 가산세
종합소득세	1/1~12/31	다음 해 5/31	신고불성실, 납부불성실 가산세
원천세	매월 또는 반기별 1/1-6/30, 7/1-12/31	매월납부는 다음 달 10일 반기별 납부는 7/10일 다음 해 1/10	신고불성실, 납부불성실 가산세
지급명세서	1년에 2회 (상용직)	분기의 다음 달 10일 7월 10일, 다음 해 1월 10일	미제출 시 가산세

원천세 신고의 의미는 소득을 지급하는 자의 비용을 인정하고, 소득

을 지급받는 자의 수입금액을 확인하는 작업이기도 합니다. 그리고 지급명세서 제출이라는 작업을 통해 소득의 귀속자를 구체화시킵니다.

🗒 사업자 단위과세제도

사업이 어느 정도 안정화 단계에 접어들면 규모의 확장을 고민합니다. 본점 외에 지점을 늘리는 방법이 대표적이죠. 그런데 이렇게 지점을 내고 둘 이상의 사업장을 관리하다 보면 세무적인 측면에서도 복잡한 문제가 발생하게 됩니다.

본점과 지점을 동시에 잘 관리하면서 절세도 할 수 있는 방법에 대해 살펴볼까요?

세법에서는 사업장별 과세원칙에 따라 사업장 주소별로 사업자등록을 하도록 하고 있습니다. 따라서, 사업자가 주된 사업을 하는 본점 이외의 장소에 사업자등록을 하는 경우 해당 장소에 있는 사업자를 사업자번호가 다른 별도의 지점 사업자의 형태로 등록하게 되는 것입니다.

쉽게 생각하면 본점 사업자는 영어로 본사, 본부(headquarters)를 뜻하는 컨트롤 타워가 되는 것이고, 지점 사업자는 본점 사업자의 통제 또는 관리를 받거나 독립적으로 사업을 하는 별도의 사업자가 됩니다.

초보 사장님 : 본점과 지점을 일괄 관리하는 방법은 없나요?

택스코디 : 사업자 단위과세제도를 이용할 수 있습니다. 사업자 단위과세제도는 본점과 지점 등 둘 이상의 사업장을 가진 사업자의 경우 본점이나 주 사무소를 모두 하나의 사업자로 보고 세금계산서를 교부하거나 세금의 신고 및 납부를 일괄해서 할 수 있도록 하는 제도입니다. 따라서 본점이나 지점 사업자의 주소가 각각 다를지라도 하나의 사업자등록번호로 모든 사업장의 세금계산서를 발행하거나 수취할 수 있습니다.

만약 이미 등록된 사업자가 사업자 단위과세를 적용받기 위해서는 과세기간 개시일 20일 전까지 관할 세무서장에게 사업자 단위과세 등록신청을 하면 됩니다. 가령 부가가치세 2기 과세기간인 7월 1일부터 적용받으려고 한다면 6월 10일까지는 신청해야 합니다. 이때 등록신청서와 사업장 명세서를 제출해야 합니다.

그밖에 본점과 지점 중 주 사업장에서 세금의 납부만 총괄하는 방법이 있습니다. 이를 주사업장 총괄납부라고 합니다. 한 사업자가 본점과 지점 등 둘 이상의 사업장을 운영하는 경우 각 사업장마다 따로 부가가치세를 납부하지 않고, 주 사업장에서 다른 사업장의 부가가치세까지 총괄납부(환급)할 수 있도록 만든 제도입니다.

사업자 단위과세제도와 달리 주사업장 총괄납부는 납부와 환급만 총괄하기 때문에 부가가치세의 신고는 각 사업장별로 따로 해야 한다는 점에 유의해야 합니다.

참고로 본점에서 계약을 체결하고 재화나 용역은 지점이 공급하는 경우에는 재화나 용역을 실제 공급하는 사업장에서 세금계산서를 발급해야 합니다.

하지만 역으로 공급을 받는 입장에서는 계약과 발주, 대금지급 등의 거래는 해당 본점에서 하고, 재화나 용역은 지점에서 공급받는다면 본점이나 지점 어느 쪽에서도 세금계산서를 받을 수 있습니다.

본점과 지점이 있는 법인사업자가 법인세 신고를 하는 경우에는 통합해서 하나의 재무제표로 법인세 신고를 하게 됩니다. 이때 하나의 사업장에서는 이익이 많이 나지만 다른 하나의 사업장에서는 결손이 있는 경우 이를 통산해서 신고할 수 있습니다. 손실 난 사업장의 결손금을 활용해 종합적으로 법인세를 절감할 수 있는 것입니다.

세제혜택 또한 각 사업장의 지역, 업종, 고용현황 등을 고려해 통합해서 적용할 수 있기 때문에 조세특례제도의 선택지도 다양합니다.

둘 이상의 사업장을 가진 사업자가 한 사업장에서는 납부세액이 발생하고, 다른 사업장에서는 환급세액이 발생하는 경우에 사업장 단위로 과세를 하면, 사업자 입장에서는 절차상 납부를 먼저 하고 환급은 추후에 받아야 합니다. 이로 인한 자금상의 부담을 받게 되는 불편함과 불합리한 경우가 있습니다.

그런 경우에는 사업자의 납세편의를 위해 주된 사업장에서 총괄하여 납부 또는 환급받을 수 있도록 주사업장 총괄납부제도를 이용하면 됩니다.

주사업장 총괄납부제도는 납부세액 또는 환급세액을 주된 사업장에 합계 또는 차감하여 납부 또는 환급을 받는 것입니다. 신청방법은 과세기간 개시 20일 전에 주사업장 총괄납부 신청서를 주된 사업장의 관할 세무서에 제출하면 됩니다.

신규로 사업을 개시한 경우에 신규 사업장을 주사업장으로 총괄하여 납부하는 경우라면 신규 사업자등록증을 발급받은 날로부터 20일 이내에 신청서를 관할 세무서에 제출해야 합니다.

주사업장에서 총괄하여 납부하다 총괄납부를 포기하고 각 사업장별로 납부하고자 할 때는 과세기간 개시 20일 전에 주사업장 관할 세무서에 주사업장 총괄납부 포기신청서를 제출해야 합니다. 신청은 홈택스에서도 가능합니다.

세금 관련 문제가 발생할 경우

세알못 : 세금 문제로 억울한 일이 발생했다면 어디로 문의해야 할까요?

택스코디 : 가장 쉬운 방법은 세금 통지서를 따라가면 됩니다. 일단 통지서를 받으면 한 달 이내에 해당 세무관서를 찾아가 '과세 전 적부심사'라는 절차를 밟을 수 있습니다. 세금이 확정되기 전에 다시 한번 제대로 계산해보라는 절차로 보면 됩니다.

그래도 해결이 안 된다면 다시 세무관서에 이의신청을 하거나, 상급기관에 불복청구를 낼 수 있습니다. 국세청(지방세는 시·군·구청)이나 감사원을 상대로 심사청구를 하거나, 조세심판원에 심판을 청구하는 방법이 있습니다.

이때 아무래도 팔이 안으로 굽지 않을까 걱정된다면 해당 세무관서보다는 상대적으로 독립적인 조세심판원(국무총리실 산하)을 선택하면 됩니다. 하지만 어차피 그들도 세무공무원 출신일 테니 '그 나물에 그 밥'이 아닐까 의심이 든다면 감사원을 찾아가도 됩니다.

불복청구의 결과가 만족스럽지 못하면 법원으로 가야 합니다. 지방행정법원의 1심 소송을 거쳐 고등법원(2심), 대법원(3심)까지 제기할 수 있습니다. 법원의 행정소송은 로펌(법무법인)이나 개인 변호사를 대리인으로 선임해 진행하며, 법원 이전 단계에서는 세무법인과 회계법인의 도움을 받을 수 있습니다.

물론 수수료가 아깝거나 스스로 처리할 수 있다고 판단되면 대리인 없이 불복청구를 낼 수도 있습니다. 납세자가 직접 조세심판청구를 내려면 지난 2월부터 조세심판원이 홈페이지에 공개한 '심판청구서 작성 요령'을 참고하면 됩니다.

알아두면 도움이 되는 세무용어

• **국세청/세무서**

국세청과 세무서가 어떻게 다른지 혼동하는 분이 의외로 많은 것 같습니다.

세금을 부과하는 관청을 과세관청이라고 하는데, 국세를 부과하는 과세

관청이 국세청입니다. 그리고 그 산하기관으로 지방국세청, 일선 세무서

가 있습니다.

세무서와 세무사라는 단어를 혼용하는 경우도 있는데, 세무사는 국가에

서 시행하는 시험에 합격하여 전문적으로 세무에 관한 서비스를 제공하

는 사업자라고 할 수 있습니다. 반면 세무서는 세금을 부과하고 징수하

는 국가기관을 말합니다.

• 국세부과 제척기간

국세청이 각 세목에 따라 세금을 부과할 수 있는 기간으로, 일반적으로 확정신고기한으로부터 5년간을 의미합니다. 예를 들면 2020년 귀속 종합소득세의 경우 확정신고기한이 2021년 5월 31일이므로, 2026년 5월 31일까지 부과가 가능합니다(따라서 신고 내용에 이상이 있다면 2026년 5월 31일까지 소명 요청이 들어올 수 있습니다).

• 가산세/과태료/벌금

가산세란 세법에 규정하는 의무의 성실한 이행을 확보하기 위해서, 그 세법에 의해서 산출한 세액에 가산하여 징수하는 금액을 말합니다. 세금 관련해서 발생하는 대부분은 가산세(가산금)입니다,

과태료란 주차위반 같은 행정법상의 의무 위반에 대한 제재로서 부과·징수되는 금전을 말합니다.

벌금이란 법을 위반한 범인으로부터 일정액을 징수하는 형벌입니다.

• 특수관계인

법적으로 특수관계인의 범위는 아래와 같습니다.

• 혈족, 인척 등 대통령령으로 정하는 친족관계 : 6촌 이내의 혈족, 4촌 이내의 친척, 배우자(사실상의 혼인 관계에 있는 자를 포함), 친생자로서

다른 사람에게 친양자, 입양된 자 및 그 배우자, 직계비속

- 임원, 사용인 등 대통령령으로 정하는 경제적 연관관계 : 임원과 그 밖의 사용인, 본인의 금전이나 그 밖의 재산으로 생계를 유지하는 자와 생계를 함께하는 친족

- 주주, 출자자 등 대통령령으로 정하는 경영지배관계 : 본인이 직접 또는 그 외 친족관계 또는 경제적 연관관계에 있는 자를 통하여 법인의 경영에 대하여 지배적인 영향력을 행사하고 있는 경우 그 법인.

• 과세요건

세금은 특정 요건을 충족한 경우에만 발생하며, 이때의 특정 요건을 과세요건이라고 합니다. 과세요건은 아래와 같이 네 가지가 있습니다.

- 납세의무자 : 세금을 납부할 의무가 있는 대상
- 과세대상 : 세금이 부과되는 대상
- 과세표준 : 과세대상의 크기
- 세율 : 세액을 구하기 위해 과세표준에 곱하는 비율

• 과세기간/신고납부기간

과세란 말 그대로 세금을 부과하는 것입니다. 각각의 세금마다 정해진

과세기간과 신고 및 납부기간이 있습니다.

과세기간이란 소득세, 법인세, 부가가치세 등과 같이 일정한 기간 동안의 과세표준을 계산하게 되는 시간적 단위를 말합니다. 예를 들면 소득세 과세기간은 매년 1월 1일부터 12월 31일까지이고, 부가가치세는 1월 1일부터 6월 30일까지를 1과세기간, 7월 1일부터 12월 31일까지를 2과세기간으로 규정하고 있습니다.

신고 및 납부기간은 소득세, 법인세, 부가가치세를 신고하고 납부하는 기간을 말합니다. 예를 들면 소득세는 매년 5월 1일부터 5월 31일까지, 부가가치세는 매년 1월부터 1월 25일까지, 7월 1일부터 7월 25일까지입니다.

• 원천징수의무자/원천징수 대상소득

원천징수의무자는 원천징수의 대상이 되는 소득이나 수입금액을 지급할 때 이를 지급하는 자를 말하며, 원천징수 대상소득에는 근로소득(급여, 상여금 등), 이자/배당소득, 퇴직소득, 연금소득, 기타소득(상금, 강연료 등의 일시적 성질의 소득), 사업소득(프리랜서 인적용역소득), 공급가액의 20%를 초과하는 봉사료 등이 포함됩니다.

• 기장료/조정료/신고대행수수료

세알못 : 회계사무실에 들렀는데, 기장료가 얼마고 조정료는 얼마라고 얘

기합니다. 두 비용이 어떻게 다른가요?

택스코디 : 기장이란 장부를 작성한다는 의미입니다. 그러므로 기장료는 세무대리인에게 장부작성을 의뢰하고 일정한 수수료를 매달 지불하는 장부작성 수수료입니다.

종합소득세 신고는 세무조정을 한 후에 신고해야 하는데, 이때 추가로 지급하는 비용을 조정료라고 합니다. 또 부가가치세, 종합소득세 신고, 양도소득세 신고 때에만 1회적으로 신고 대행을 의뢰하는 경우에 지급하는 비용을 신고대행 수수료라고 합니다.

• 세금계산서, 계산서

법적지출증빙(적격증빙)에는 판매자와 구매자가 모두 표시되는 특징이 있습니다. 이에 해당하는 것이 세금계산서와 계산서, 카드영수증, 현금영수증입니다. 이와 달리 판매자가 표시되고 구매자는 나타나지 않는 간이영수증은 비적격증빙이라고 합니다. 세금계산서란 부가가치세가 붙는 물건(과세상품)을 거래할 때 주고받는 증빙자료를 말하며, 계산서는 면세품, 즉 부가가치세가 붙지 않는 물건을 거래할 때 주고받는 증빙자료를 말합니다. 현실적으로 모든 거래에서 세금계산서를 받기는 쉽지 않으므로, 일정한 증명에 대하여 세금계산서나 계산서와 같은 효력을 부여하는데 신용(체크)카드 구매 영수증 혹은 현금영수증이 이에 해당합니다. 따라서 면세품이 아닌 과세상품을 사면서 카드영수증이나 현금영수증을 받으면 세금계산서를 받지 않아도 부가가치세 매입세액으로 공제가 가능합니다.

• 소득/소득금액

세법에서는 비슷하지만 의미가 다른 용어들이 있는데, 그중 대표적인 것이 소득과 소득금액입니다. 세법에서 정의하는 소득은 벌어들인 총금액을 의미합니다. 반면 소득금액은 벌어들인 총금액에서 비용을 차감한 금액을 의미합니다.

즉 '사업소득'은 수입금액을 의미하지만, '사업소득금액'은 수입금액에서 필요경비를 차감한 금액을 의미합니다. 식으로 나타내면 다음과 같습니다.

$$소득 - 필요경비 = 소득금액$$

• 공급대가/공급가액

부가가치세 신고 시 어려워하는 세무용어 중의 하나가 공급가액과 공급대가입니다.

공급가액은 실제 공급되는 제품의 가격이라고 생각하면 되고, 공급대가는 제품의 가격에 부가가치세를 더한 개념입니다.

간이과세사업자는 세금계산서 등으로 공급가액과 부가가치세를 구분해서 표기하지 않으며, 공급가액과 부가가치세를 더한 하나의 가격만 존재하는데 이를 공급대가라고 부릅니다.

만일 일반과세사업자가 물건 값을 100원으로 책정했다고 하면, 세금계산서 등에는 공급가액 100원, 부가가치세 10원을 더해 영수금액 110원을 표시합니다. 그러나 간이과세사업자는 공급대가 110원만 표시합니다. 그래서 기본적으로 일반과세사업자의 매출액은 100원이 되고, 간이과세사업자의 매출액은 110원으로 기록합니다.

부자들은 어떻게
세금을 절세 했을까

초판 1쇄 발행 2024년 1월 25일

지은이   택스코디
발행인   곽철식
펴낸곳   ㈜ 다온북스

마케팅   박미애
편 집   김나연
디자인   박영정
인쇄와 제본   영신사

출판등록   2011년 8월 18일 제311-2011-44호
주소   서울시 마포구 토정로 222, 한국출판콘텐츠센터 313호
전화   02-332-4972   팩스   02-332-4872
전자우편   daonb@naver.com

ISBN 979-11-93035-32-0 (13320)

• 다온북스는 독자 여러분의 아이디어와 원고 투고를 기다리고 있습니다.
  책으로 만들고자 하는 기획이나 원고가 있다면, 언제든 다온북스의 문을 두드려 주세요.